Durch Kappes und Schaffuen

Quer durch's bergische Gemüsebeet

Marianne Frielingsdorf,
Monika Burgmer,
Sigrid Fröhling

Illustrationen
Andrea Jungbluth-Zehnpfennig

Satz/Gestaltung
Peter Mebus

Gaasterland-Verlag
www.gaasterland-verlag.de
2009

978-3-935873-36-9

Hast du mal Kummer aller Arten,
da hilft nur ein Rezept, geh in den Garten.
Nennst du dein Eigen dieses Stückchen Land,
pfleg es sorgsam mit geschickter Hand.
Nimm dir die Zeit dazu und du wirst seh'n,
ein jedes Pflänzchen sagt dir „Dankeschön".
Bist du dann müde von des Tages Last,
sei froh, dass du es doch gemeistert hast,
weil du dabei des Lebens Leid vergisst,
was sowieso nicht mehr zu ändern ist.
Nur wem ein Garten nichts bedeuten kann,
der ist und bleibt ein armer Mann!

Gedicht aus der Tschechoslowakei

Inhalt

Vorwort	4
Heilige und Scheinheilige	8
Frühling	12
Was im März, April und Mai im Garten zu tun ist.	
Gemüseportraits (Radieschen, Blattgemüse, Rhabarber, Topinambur, Salate, Kohlrabi)	
Sommer	32
Was Sie im Juni, Juli und August im Garten machen können.	
Gemüseportraits (Rübstiel, Erbse, Gurke, Bohne, Mangold, Tomate, Blumenkohl)	
Der Kinder-Garten – ein Garten für Kinder	58
Wir möchten den Kindern ganz bewusst den Platz in der Mitte des Buches widmen.	
Herbst	66
Was im September, Oktober und November im Garten los ist.	
Gemüseportraits (Möhre, Rote Bete, Sellerie, Schwarz- und Haferwurzel, Kohl, Kürbis, Endivie, Feldsalat)	
Winter	90
Was im Dezember, Januar und Februar an Arbeit anfällt.	
Gemüseportraits (Steckrübe, Kartoffel, Zwiebel, Pastinake, Rosen- und Grünkohl, Porree, Sauerkraut, Weiße Bohnen und getrocknete Erbsen)	
Anhang	
Pflanzenansprüche	112
Gartengrundwissen	114
Vorkultur, Saatgutgewinnung & Vermehrung	118
Bezugsquellen & Anlaufstellen	123
Literaturempfehlungen	126
Danksagung	126
Index	128

*Kappes un Schaffuen = bergischer Ausdruck für Kohl und Wirsing, s. auch Seite 79
Es gibt im Bergischen sehr viele verschiedene „Mundarten". Die Begriffe „auf Platt" in diesem Buch stammen aus Lindlar und Umgebung.

Vorwort

Jeder weiß, dass frisches Obst und Gemüse lecker und gesund ist. Gemüse aus dem eigenen Garten schmeckt auch um ein vielfaches köstlicher, unvergleichbar mit gekauftem, und es hat den Vorteil, dass Sie genau wissen, wie und wo es gewachsen ist. Außerdem kann es frischer nicht auf den Tisch gelangen, als direkt aus dem Hausgarten. Neben der Frische und dem guten Geschmack bietet uns das eigene Gemüse auch noch viele gesunde Inhaltsstoffe. Es kann sogar zum Heilmittel werden!

Natürlich macht Gartenarbeit ein wenig mehr Mühe, als in den Supermarkt zu gehen, aber sie ist sehr entspannend und ein guter Ausgleich zum hektischen Alltag. Der Kontakt zur Natur „erdet" im wahrsten Sinne des Wortes. Der Kopf wird frei und wenn man sich auf die Arbeit mit den Pflanzen konzentriert, haben negative Gedanken keinen Zutritt.

Gemüse aus aller Welt bereichern heute unseren Speiseplan und unsere Gartenvielfalt. Wir beziehen uns in diesem Buch auf Gemüse, die bereits seit mehr als 50 Jahren im Bergischen Land angebaut werden. Die meisten davon werden für „Einheimische" gehalten, sind aber oft aus wärmeren Regionen zu uns gekommen, wie z. B. Bohnen und Kartoffeln, die im 16. Jahrhundert aus Südamerika nach Europa kamen und erst später das Bergische erreichten. Viele davon sind längst „eingebürgert" und nicht mehr wegzudenken. Sie haben bereits unsere Urgroßeltern ernährt und „über den Winter gebracht".

Sauerkraut Seite 108

Seit den 1950er Jahren werden Gemüsepflanzen zunehmend für den intensiven Erwerbsanbau gezüchtet, d.h. sie müssen einfach mit Maschinen zu bearbeiten und zeitgleich erntefähig sein. Auch Gemüse, das traditionell nicht gelagert wurde, muss heute lange Transporte und Lagerzeiten überstehen.
Die traditionellen Gemüse, die in den Hausgärten angebaut werden, bleiben dabei mehr und mehr auf der Strecke, da sie diese Anforderungen nicht erfüllen. Für den Anbau im Privatgarten gelten andere Faktoren: Aromareichtum und intensiver Geschmack, längerer Erntezeitraum und - besonders im Bergischen - Regenfestigkeit. Außerdem haben die alten Sorten sich über Generationen an das regionale Klima angepasst und sind frei von Gentechnik.

Doch mächtige Saatgutproduzenten wollen Ihre Neuzüchtungen auf dem Markt platzieren. Die alten Sorten werden daher aus dem Sortiment genommen. Ihr Saatgut darf dann nicht mehr gehandelt werden und ist für den Verbraucher nicht mehr erhältlich. Wenn gleichzeitig die Zulassung der Sorten gelöscht wird, fallen sie aus dem Anbau und sterben auf diese Weise aus. Dabei ist es nicht nur schade um den Reichtum an Aroma, Farben, Formen und Geschmack; es findet auch eine bedenkliche Verarmung der genetischen Vielfalt statt.
Um diesen Trend aufzuhalten, haben sich zahlreiche Vereine und Initiativen gegründet, die sich für den Erhalt alter (Land-) Sorten einsetzen und gegen eine starke Saatgutlobby kämpfen. Ein Ziel der Vereine und Initiativen ist es, dass bewährte, jahrzehntelang angebaute Pflanzen nach dem Ende des Sortenschutzes als „freie Sorten" im Saatgutrecht ausgewiesen werden, für die keine Zulassung nötig ist. Das bedeutet, dass jeder Mensch sie einerseits in seinem Garten anbauen und vermehren und andererseits Saatgut und Produkte frei handeln darf.

Dicke Bohnen Seite 44

In unserer Region gibt es die Bergische Gartenarche, die sich ganz gezielt für die bergischen Nutz- und Zierpflanzen engagiert und für die wir Buchschreiberinnen uns auch ehrenamtlich einsetzen. Darüber hinaus gibt es einige überregionale Initiativen im deutschsprachigen Raum (s. Anhang).

Wir beschäftigen uns in diesem Buch mit althergebrachtem Gemüse. Das heißt aber nicht, dass wir in unseren Gärten nicht auch „Exoten" anbauen. Im Gegenteil, es geht recht multikulturell in unseren Beeten zu. Also dürfen es bei uns auch mal Kiwanos, Bittergurken, Peperoni oder Auberginen sein.
Auch mögen wir gelbe Tomaten und violette Kartoffeln besonders gern.

Wir möchten allerdings den alten regionalen Gemüsesorten, die uns gut schmecken, einen festen Platz einräumen, um sie zu erhalten. Und das geht ohne weiteres in munterer Mischkultur mit all den vielen interessanten Pflanzen aus aller Welt.

Der Geschmack entscheidet! Bei den alten Landsorten haben sich nur solche durchgesetzt, die neben den guten Garteneigenschaften auch mit Geschmack überzeugen können. Sie wurden über Generationen kultiviert und liebevoll weitergereicht. Die Liebe geht auch hier durch den Magen. Aber Vorsicht, nicht alles aufessen! Ein paar Samen, Schoten oder Früchte sollte man für die Saatgutgewinnung zurückhalten.

Eine wichtige Voraussetzung zur Erhaltung und Vermehrung der eigenen Gartenpflanzen ist die Kenntnis um die Saatgutgewinnung. Leider geht dieses Wissen mehr und mehr verloren, da die Bequemlichkeit, jedes Jahr neue Samentüten im Gartenmarkt zu kaufen, sehr verlockend ist. Dabei ist es ganz einfach und macht auch wirklich Freude, eigenes Saatgut zu ernten, wie Sie im Anhang erfahren können.

Der Anbau althergebrachter Gemüse ist nicht schwer und auch für Gartenneulinge leicht zu erlernen. Selbst ohne eigenes Gartenland gibt es Möglichkeiten; im manchen Dörfern werden Äcker und Gärten gemeinschaftlich genutzt; Landwirte stellen ungenutzte Flächen zur Verfügung; ältere Leute sind froh, wenn sie ihr Wissen teilen und Hilfe bei der Gartenarbeit erhalten können. Und sogar in Töpfen oder Kübeln lassen sich viele Gemüse anbauen. Kinder haben einen Riesenspaß am Gärtnern. Sie lernen den Kreislauf der Natur kennen und kommen aus dem Staunen nicht mehr heraus. Aus diesem Grund haben wir in der Mitte des Buches einen „Kindergarten" angelegt, mit vielen Ideen für ein eigenes kleines grünes Reich. Unser Buch ist aus der Praxis entstanden, es ist kein hochwissenschaftliches Nachschlagewerk, sondern eine pragmatische Anleitung mit vielen nützlichen Informationen, Rezepten und Geschichten rund um das Gemüsebeet. Wenn Sie sich intensiver mit dem Gemüseanbau beschäftigen möchten, so finden Sie im Anhang einige Empfehlungen für weitere interessante und lehrreiche Bücher.

Mit diesem Buch möchten wir Ihnen zeigen, wie einfach es sein kann, leckeres Gemüse im eigenen Garten anzubauen und wie vielseitig Sie es verwenden können. Vielleicht bekommen Sie ja jetzt Lust, selbst einmal zu Hacke und Spaten zu greifen.

Viel Spaß im Garten

Die Symbolleiste zeigt, welche Ansprüche die Pflanzen im Garten haben.

Standort	Nährstoffbedarf	Boden	Platzbedarf
Sonne - Halbschatten	gering - mittel - hoch	tiefgründig	Abstand

Weiterführende Informationen im Anhang ab S. 112

Heilige und Scheinheilige

Die Eisheiligen

Mitte Mai sind einige aufeinander folgende Tage besonderen Heiligen gewidmet. Der erste Heilige, Mamertus, wird am 11. Mai gefeiert, anschließend Pankratius, Servatius, Bonifatius und am 15. Mai die hl. Sophie, auch „kalte Sophie" genannt. Der Volksmund nennt diese Zeit „die Eisheiligen", da sie oft noch einmal Kälte und Frost zurückbringen.
Im Garten dreht sich vieles um die Eisheiligen. So sollte man traditionell kälteempfindliche Pflanzen erst nach dem 15. Mai nach draußen bringen und auch die Bohnen bleiben bis dahin besser in der Tüte.
Wenn Sie die Eisheiligen bei der Gartenarbeit berücksichtigen, verlieren sie ihren Schrecken. Sollte es später noch einmal kalt werden, decken Sie die Pflanzen mit Tüchern, Eimern und Folien ab.

Wer weiß, wie lange die Eisheiligen noch ihre Gültigkeit behalten, im Zeichen der allgemeinen Klimaerwärmung und den damit verbundenen Wetterkapriolen.

Schnecken

… darüber könnte ein ganzes Buch geschrieben werden und doch wären wir dann nicht schlauer.

Eigentlich haben Schnecken in der Natur die Aufgabe einer Gesundheitspolizei oder einer Müllabfuhr. Leider wurde das der spanischen Wegschnecke, die sich in den letzten Jahrzehnten in unserer Region sehr stark ausgebreitet hat, offenbar nicht richtig übersetzt. Sie hat einen unstillbaren Hunger auf zartes Gemüse und frisst unsere Beete kahl.

Außer den indischen Laufenten und den geplagten Gärtnern hat die Schnecke keine natürlichen Feinde. Ein Patentrezept gegen die Schnecken gibt es nicht. Jeder muss seine eigenen Erfahrungen machen. Der Eine sammelt sie auf, um sie über die Straße zu bringen und wundert sich, wenn sie am folgenden Morgen wieder da sind. Der Andere bestreut sie mit Salz, damit sie elendig vergehen, versalzt dadurch aber auch den Gartenboden. Der Nächste bringt sie in den Wald, dort dezimieren sie jedoch unsere heimischen Schnecken. Wieder andere legen Schneckenkorn aus oder teilen die Weichtiere in zwei Teile. Doch solange sie nicht Überhand nehmen, versuchen Sie mit den Schleimern auszukommen.

Prost!
Ich hatte über die Jahre schon alles Mögliche gegen Schnecken probiert. Die einfachste Methode schien mir schließlich, Becher in den Boden einzugraben und mit Bier zu füllen. Ich glaubte, die Schnecken würden darin ertrinken. Ja, bei einigen war es auch so, doch die meisten feierten ein großes Fest. Beschwipst oder sogar hochachtungsvoll schlichen sie von dannen, um am nächsten Abend weiterzufeiern.
Das ging so lange, bis es meinem Mann zu bunt wurde. Jeden Abend sah er mich mit zwei Flaschen Bier im Garten verschwinden und als er herausbekam wofür es gedacht war, beschwerte er sich: Die Schnecken bekommen mehr Bier als ich!

Unser Fazit aus jahrelanger Schneckenjagd ist: Zarte kleine oder auch seltene Pflanzen werden im Topf gezogen und beschützt, bis sie stark genug für das Beet sind. Zusammen mit bunten Mischkulturen und einer zurückhaltenden Düngung - zuviel macht die Pflanzen weich und damit für die Schnecken besonders appetitlich – sind dies die Gegenmaßnahmen in unseren Gärten.
Wir möchten in den Schnecken keine Feinde mehr sehen, sondern ihnen ihren Platz in der großen Familie der Natur zugestehen.

Schneckensachen

Der Mensch zertritt die Schnecke achtlos.
Die Schnecke ist dagegen machtlos.
Denn viel zu spät erst – beim Zerknacken
kann sie ihn beim Gewissen packen.

Eugen Roth

Frühling

Das Samenkorn

Ein Samenkorn lag auf dem Rücken,
die Amsel wollte es zerpicken.

Aus Mitleid hat sie es verschont
und wurde dafür reich belohnt.

Das Korn, das auf der Erde lag,
das wuchs und wuchs von Tag zu Tag.

Jetzt ist es schon ein hoher Baum
und trägt ein Nest aus weichem Flaum.

Die Amsel hat das Nest erbaut;
dort sitzt sie nun und zwitschert laut.

Joachim Ringelnatz

März

Im Märzen der Bauer die Rösslein einspannt, er setzet die Felder und Wiesen in Stand…

Wenn der Boden sich nach der Frostperiode wieder erwärmt hat, beginnt die Gartenarbeit im Freien. Zum Hacken und Säen sollte die Gartenerde oberflächlich abgetrocknet sein. Wenn sie zu nass ist, geht die Arbeit schwer von der Hand und der Boden wird sehr fest getreten. Doch nur lockerer Boden eignet sich zur Gemüseanzucht. Deshalb wartet man besser, bis trockeneres Wetter einsetzt.

Im Frühbeet oder im Gewächshaus geht es jetzt richtig los. Sie können nun z.B. verschiedene Kohlsorten und die einjährigen Sommerblumen vorziehen.
Die Setzkartoffeln werden zum Vorkeimen an einen hellen, nicht sonnigen, 12-15 Grad warmen Ort gestellt.
Kompost kann im Garten verteilt oder andere organische Dünger eingebracht werden. Etwas kalken schadet in unseren Breiten meistens nicht.
Die ersten Freilandaussaaten sind möglich und besonders die Dicken Bohnen wollen in die Erde.

Schreiben Sie Ihre Erfahrungen, Erlebnisse und Fehlschläge in ein Gartentagebuch. Im nächsten Gartenjahr können Sie auf diese Informationen zurückgreifen und neue Einträge machen. So entsteht über die Jahre ein Fundus an Gartenwissen und Erinnerungen.

17. März, St. Gertrud nützt dem Gärtner fein, wenn sie kommt mit Sonnenschein

April

April, April, der weiß nicht was er will!

Dieser Monat ist schon wesentlich milder als der März und der Boden hat sich soweit erwärmt, dass man Kartoffeln setzen kann.
Besuchen Sie Pflanzentauschbörsen und Pflanzenflohmärkte! Hier finden Sie schöne „Gemüse-Schnäppchen" und sonstige interessante Gewächse.
Der Rasen kann das erste Mal gemäht werden, da das Schnittgut benötigt wird, um freie Stellen zwischen den Gemüsereihen zu mulchen. Aber tragen sie nicht zu dick auf, denn unter der Mulchschicht halten sich gerne Schnecken auf und sind somit schneller bei den Jungpflanzen. Doch wer einen Naturrasen besitzt, der genießt die Gänseblümchen, den Löwenzahn, den Ehrenpreis und das Wiesenschaumkraut und mäht erst viel später. Dieses Mähgut darf dann nicht in den Garten gebracht werden, da es sehr viele Wildblumensamen enthält.
Im April können die Bohnenstangen schon in der Erde befestigt werden. Suchen Sie sich einen muskulösen Helfer für diese anstrengende Arbeit, dann ist sie schnell erledigt. Wenn die Stangen frühzeitig stehen, kann um sie herum besser gearbeitet und angesät werden. Doch für die Stangen- und Buschbohnen ist es noch viel zu früh!

Erbsen säe an St. Ambrosius (4.4.) so tragen sie reich und geben Mus.

Mai

Bauernregel: *Gewitter Anfang Mai, dann ist der April vorbei*

Anfang Mai kann es schon recht warm sein. Lassen sie sich aber nicht täuschen, meistens kühlt es Mitte des Monats wieder ab, denn dann kommen die Eisheiligen oftmals noch mit Bodenfrost.
Die unempfindlichen Pflanzen wachsen schnell heran und füllen bald die Reihen.
Vorgezogene Pflanzen müssen abgehärtet werden. Sie dürfen den Tag im Freien verbringen, müssen aber nachts wieder ins Haus. Erst ab Mitte Mai kommen sie an Ort und Stelle. Dann werden auch die Bohnen gelegt.
Zwischen den Gemüsereihen wird gehackt und gemulcht.
Im Mai sollte man den Garten ganz besonders intensiv genießen, denn das Grün, was wir in den Wintermonaten vermisst haben, kommt jetzt mit aller Kraft und Überschwang.

*Radieschen, Radieschen
aus der Erde sprießen.
Runde Wurzeln dicht an dicht
für das leckere Salatgericht.*

Radieschen *Raphanus sativus var. sativus*

Radieschen gehören zu den ersten Schätzen, die wir im Frühling ernten. Wer ein Frühbeet oder ein Gewächshaus sein eigen nennt, kann sie bereits im Februar aussäen.
Die roten knackigen Radieschen sind schön scharf und werden direkt im Garten probiert.

Im 16. Jahrhundert fand das Radieschen gemeinsam mit dem Rettich den Weg in die deutschen Gärten. Radieschen sind kleiner, dünnschaliger, zarter und weniger scharf als Rettich. Die Blattunterseite ist stark behaart. Die Wurzel ragt immer zur Hälfte aus dem Boden. Es gibt sie in vielen Formen und Farben, für Frühlings- und Herbstaussaat.

Die wichtigen Inhaltsstoffe der Radieschen sind Folsäure, Vitamin C und Selen. Sie bewirken das Wachstum von Zellen, aktivieren Gehirn und Nerven und kräftigen unser Immunsystem. Die Ballaststoffe helfen dem Stoffwechsel auf die Sprünge und die enthaltenen Heilöle desinfizieren Nasen- und Rachenschleimhäute.

   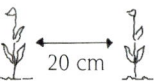

Vor der Aussaat sollte das Beet gut mit Kompost angereichert werden. Ab März werden die Samen ganz dünn in Reihen ausgesät und mit etwas Erde bedeckt. Zu eng stehende Pflanzen werden frühzeitig entfernt, damit die einzelnen Radieschen genügend Platz zum Wachsen haben. Dazu die ersten Pflanzen mit dickeren Wurzeln herausnehmen, sie schmecken schon. Das Beet immer gründlich hacken und wässern, sonst kommt die Pflanze schnell zur Blüte und bildet keine dicke Wurzel. Radieschen eignen sich nicht zum Lagern, sie müssen immer frisch verzehrt werden.

Radieschenblüten

Man nimmt ein Radieschen in die Hand, mit der Wurzelspitze nach oben, und schneidet viermal über Kreuz ein, aber nicht ganz durch. Daraufhin schält man die rote Schale der einzelnen Spalten vorsichtig ganz dünn bis zur Hälfte ab, lässt sie jedoch an der Frucht. Anschließend wird das Radieschen in Wasser gelegt. Nach relativ kurzer Zeit öffnet sich die Blüte und kann als Dekoration verwendet oder sofort aufgegessen werden.

Radieschen frisch aus dem Garten

Oma Maria-Anna hatte einen wunderschönen Garten. Am Zaun standen Sonnenblumen und auf einem Beet wuchsen die prachtvollsten Blumen. Ansonsten war der Garten voller Gemüse. Wollte Oma das Mittagessen kochen, so ging sie erst in den Garten um die Zutaten zu holen, einmal ein Korb voller Möhren, dann wieder gab es frischen Salat, doch Kräuter fehlten nie. Die Kinder liebten es, mit Oma im Garten zu sein, denn hier gab es immer etwas zu entdecken, zu schnuppern und vielleicht auch zu probieren.

Eines Tages war Großmutter mal wieder im Garten, denn da verbrachte sie ihre Zeit am liebsten. Die Enkelkinder hatten in der Nähe gespielt und standen plötzlich vor ihr: „Oma hast du etwas Süßes, wir haben Hunger"? „Etwas Süßes habe ich nicht, ich habe etwas Scharfes, aber das mögt ihr bestimmt nicht, oder?" Die Kinder hatten an eine Tüte Gummibären gedacht, doch was wollte Oma ihnen geben?

Voller Neugier stapften sie hinter ihr her. Grüne Blätter schauten aus dem Boden, was konnte das wohl sein? Mit der Hand streifte Oma über die Pflanzen um zu sehen ob sie schon dicke Wurzeln hatten. Da, sie zog etwas aus der Erde. Alles jubelte: „ein Radieschen, sind noch mehr da?" Oma holte eine Wurzel nach der anderen aus dem Boden und gab sie den Kindern. Sie zeigte ihnen wie man mit der Hand die Erde abstreift und den Rest an der Hose abwischt, die Blätter ab dreht und die kleine, rote Wurzel direkt in den Mund schiebt. Die Kinder schauten sich an: „die müssen doch gewaschen werden." „Ach was", meint Oma „Dreck reinigt den Magen"!

Gartenmelde Atriplex hortensis ssp. Hortensis

*Hast du Melde in deinem Garten,
lass deinen Schatz nicht lange warten.
Nach dem Rezept brauchst du nicht lange fragen,
Liebe geht immer durch den Magen*

„Der jelle Määl schmad besser als der Jröne", Feststellung einer bergischen Gärtnerin.

Die Melde stammt aus Südeuropa und Zentralasien und kam, ebenso wie Mangold und Rote Bete, mit den Römern zu uns. Sie war im Mittelalter das wichtigste Blattgemüse, wurde dann aber vom Spinat verdrängt.
Heute gibt es grüne, gelbe und rote Melde, alle Sorten schmecken lecker und sehen zudem noch dekorativ aus. In unseren Breiten wurde überwiegend die gelbe Melde angebaut, denn sie ist milder im Geschmack als die anderen Sorten.

Die einjährige Melde stellt keine besonderen Ansprüche an den Boden. Sie wird aber kräftiger, je besser der Boden ist, daher sollte das Saatbeet im Herbst mit Kompost versorgt werden. Im März sät man sie in Reihen oder breitwürfig aus und bedeckt sie nur spärlich mit Erde.
Wer gerne schnell seinen Gartenboden bedeckt haben will, der kann im Abstand von 40 cm Meldereihen angelegen; dazwischen werden Gemüse mit längere Kulturdauer gepflanzt. Bis die schnell wachsende Melde geerntet wird, schützt sie den Boden vor Trockenheit und Unkraut und lenkt die Schnecken vom Hauptgemüse ab. Die Blätter, die nicht in den Kochtopf wandern, können als willkommene Mulchschicht Verwendung finden.
Wem dieses Verfahren zu aufwendig ist, der sät im Frühjahr und Herbst alle 3 Wochen neue Melde aus, um möglichst jederzeit frisches Blattgrün zur Verfügung zu haben. Bei Trockenheit gut wässern. Die Melde sollte nicht zu dicht stehen, da Pflanzen und Blätter dann nur klein bleiben. Geerntet werden zuerst alle Pflanzen, die zu eng stehen und später alle frischen jungen Blätter.

Einige Pflanzen lässt man ausreifen, um neues Saatgut fürs nächste Jahr zu erhalten. Diese Samenpflanzen können über 2 m hoch werden.

Meldegemüse-Eintopf

Die gewürfelten Kartoffeln werden in der Brühe gedünstet, die verlesene und gehackte Melde wird mit in den Topf gegeben und kurz mitgegart. Das Ganze mit Milch oder besser mit Sahne auffüllen. Mit Salz, Pfeffer und Muskat kräftig abschmecken.

1 ½ kg Kartoffeln
2 Doppelhände zarte Meldeblätter
¾ l Brühe
1 Becher süße Sahne
Milch
Salz, Pfeffer, Muskat

Das erste zarte Grün nach dem Winter
Früher, nach einem langen strengen Winter, freuten wir uns auf das erste Grün. Brennnesseln holten wir vom Waldrand und aßen sie mit Heißhunger. Nach Monaten mit Gemüse aus dem Glas oder aus dem Sauerkrautfass brauchten wir dringend Vitamine. Im Garten keimte alles gerade erst, nur die gelbe Melde konnte schon zu Suppen und Eintöpfen verarbeitet werden. Sie schmeckte einfach himmlisch.

Vor dem Genuss kam aber die Arbeit, das Gemüse zuzubereiten. Großmutter machte das mit Bedacht, denn gerade an den frischen Triebspitzen der Melde saßen oft die gehassten schwarzen Läuse. Jedes Blatt musst untersucht und evtl. abgewaschen werden, um das Ungeziefer zu entfernen. Erst wenn der Befall ganz massiv war, wurde das Blatt zur Seite gelegt und nicht verwendet. Gerieten aber dennoch einmal ein paar schwarze Läuse mit in den Eintopf, so wurde behauptet, das Schwarze sei gemahlener Pfeffer.

Tipp
Meldeeintopf mit gewürfelten Kartoffeln, Milch, Sahne und einem halbierten, hart gekochten Ei schmeckte immer besonders gut.

Spinat *Spinacia oleracea*

Spinat im Topf macht einen klaren Kopf!

Der Spinat wird etwa seit dem Mittelalter in Deutschland angebaut. Er ist orientalischen Ursprungs, gelangte über die Araber nach Spanien und von dort ins restliche Europa. Der Spinat verdrängte die bis dahin üblichen Gemüse wie Melde, Amaranth, Guter Heinrich und Blattmangold

  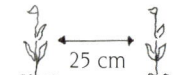

Spinat stellt keine besonderen Ansprüche an den Boden. Er sollte aber nicht zu mager und trocken sein. Kräftige Kompostgaben vor der Aussaat fördern das Wachstum.
Die Blattpflanze eignet sich für die Aussaat im Frühjahr und im Herbst. Wird sie im Sommer gesät, kommt sie zu schnell zur Blüte und ist dadurch nicht mehr schmackhaft.

Ausgesät werden kann der Spinat ab März unter einem Folientunnel. Dieser wird entfernt, wenn das 3.-4. Blatt erscheint. Bis Ende April wird immer wieder neu gesät. Günstig ist es, das Blattgemüse in Reihen auszusäen, weil das Unkraut so besser kontrolliert werden kann. Wenn die Blätter 10-15 cm hoch sind wird erstmals geerntet. Um das Wachstum erneut anzuregen, sollte das Beet anschließend mit Pflanzenjauche nachgedüngt werden.

Spinat eignet sich sehr gut als Vorkultur und kann, genau wie die Melde, im zeitigen Frühjahr in Reihen von 40 cm Abstand gesät werden, um dazwischen die Hauptgemüse anzubauen. Auf diese Weise hat man größere Mengen Spinat zur Verfügung und der Boden wird vor Austrocknung und Unkrautbewuchs geschützt.

Viel geliebt und oft verschmäht.

Die Inhaltsstoffe des Spinats sind besonders wichtig für Heranwachsende und Senioren. Sie wirken u.a. positiv auf Gehirn, Immunsystem sowie Herz- und Muskelfunktionen. Schon 50 g Spinat decken den Tagesbedarf an Magnesium.

Das Baby mag keinen Spinat

Eines Tages gab es bei der jungen Familie wieder einmal Spinat, Kartoffelpüree und Spiegelei. Ein Gericht, das die jungen Eltern sehr gerne aßen. Nur Klein-Ela saß in ihrem Kinderstuhl und protestierte. Doch Widerstand war zwecklos und die Mutter fütterte das Kind mit dem gesunden Gemüse. Die Kleine spuckte jeden zweiten Löffel wieder aus und es war eine große Schmiererei. Alles war voller Spinat; das Kind, das Lätzchen, der Kinderstuhl, der Tisch und nicht zuletzt die Mutter. Doch diese ließ nicht locker, sie drehte den Löffel so geschickt, das die Kleine das meiste schlucken musste. Bis es dem Kind zu viel wurde: mit Schwung griff es nach dem Teller schleuderte ihn gegen die frisch tapezierte Wand, von dort rutschte er langsam zu Boden. Voller Verwunderung starrten alle auf den Gemüsefleck an der Wand. Obwohl der Schaden schnell behoben war, erinnerte ein großer blass-grüner Fleck noch lange an diese Begebenheit. Heute mag Manuela Spinat und lässt sich die Geschichte von damals gerne erzählen.

Blätterteigtaschen mit Spinatfüllung

Die quadratischen Blätterteigplatten einzeln zum Auftauen nebeneinander legen.
Zwiebel und Knoblauch würfeln, in der Butter glasig dünsten und den kurz abgekochten, zerkleinerten Spinat, gut ausgedrückt dazu geben. 7 Minuten dünsten und dann vom Feuer nehmen. Den geraspelten Gouda und die gerösteten Pinienkerne dazu geben und mit Salz, Pfeffer und Muskat kräftig abschmecken.
Das Eiweiß wird kurz mit der Gabel geschlagen und auf die Ränder der Teigplatten gestrichen. In die Mitte eines Quadrates gibt man einen Klecks Spinatfüllung, schlägt den Teig doppelt und drückt ihn an den Rändern gut an.
Die entstandene Teigtasche wird mit Eigelb bepinselt und mit Sesam und wenig Salz bestreut. Im Backofen bei 180 Grad ca. 25 Minuten backen.

250 g Spinat
1 Zwiebel
1 Knoblauchzehe
15 g Butter
1 Paket TK Blätterteig
150 g Gouda
50 g Pinienkerne
Salz, Pfeffer
Muskat
1 Ei
etwas Sesam

Weitere Blattgemüse

Außer Spinat und Melde gibt es noch andere alte Kulturpflanzen, die als Blattgemüse in früheren Zeiten Verwendung fanden. Leider sind sie fast in Vergessenheit geraten, doch sollte ihnen wieder mehr Beachtung geschenkt werden, da sie einfach anzubauen und sehr schmackhaft sind. Selbst unsere Eltern pflanzten sie im Bergischen selten an, sie sollten aber an dieser Stelle genannt werden, da sie ihren Reiz haben und so manches Gericht aufpeppen.

Baumspinat, Magentaspreen *Chenopodium giganteum*

ist eine sehr dekorative Pflanze, die 3 m oder höher werden kann. Wie der Name schon sagt, wird die einjährige Pflanze so groß wie ein kleiner Baum. Die Blattachsen sind violett überhaucht und geben damit dem ganzen Gewächs ein imposantes Aussehen. Baumspinat kann roh gegessen oder gekocht als spinatähnliches Gemüse verzehrt werden. Darf er blühen, so sät er sich gerne aus und im nächsten Jahr ist der Garten voll davon. Baumspinat ist eine Zierde für jeden herbstlichen Garten. Da er so groß wird, fällt er auch den Vögeln auf und sie hängen im Herbst manchmal in Trauben an den dünnen Seitentrieben, um sich den Winterspeck anzufressen.

Guter Heinrich *Chenopodium bonus-henricus*

Der Gute Heinrich ist eine grüne Blattpflanze die früher an jedem Misthaufen im ganzen Land zu finden war. Leider ist er bis auf wenige Exemplare ganz aus dem Bergischen verschwunden – ebenso wie die Misthaufen.
Oft treibt die Pflanze schon im Februar aus und lässt sich übers ganze Jahr ernten. Hat man den Guten Heinrich einmal im Garten, bleibt er für lange Zeit, denn er ist eine Staude und sät sich auch selbst aus. Zudem ist er sehr widerstandsfähig. Größere Probleme bereitet die Anzucht. Der Gute Heinrich ist ein Frostkeimer; sein Samen liegt den Winter über im Boden und keimt im Frühjahr. Die Schnecken lieben ihn heiß und innig, wenn er seine ersten Blättchen ausstreckt. Ist die Pflanze erst einmal groß, beachten sie ihn nicht mehr. Der Gute Heinrich freut sich über einen nahrhaften Boden und kann wie Spinat zubereitet werden.

Tipp
Im Topf vorziehen und dann in den Garten pflanzen.

Roter Meier *Amaranthus lividus* oder Roter Blattamaranth

fällt durch seine kräftige, dunkelrote Farbe in jedem Salat auf.
Beim Kochen verblasst die Farbe und er wird unansehnlich,
sein guter Geschmack bleibt aber erhalten.
Auch der Fuchsschwanz im Blumenbeet ist ein Amaranth. Diese
Pflanze gibt es in verschiedenen Ausführungen; rot, gelb, grün mit
aufrechtem oder hängendem Fruchtstand. Der Rote Meier ähnelt dem
Gartenfuchsschwanz, sieht noch etwas dekorativer aus, weil er wunderschöne dunkelrote
Blätter hat. Jedes Jahr muss er neu ausgesät werden.

Erdbeerspinat *Blitum foliosum*

ist eine außergewöhnliche Pflanze und fällt in jedem Garten auf. Nach der Aussaat im
Frühjahr sollte die einjährige Pflanze vor Schnecken geschützt werden.
Die erst unscheinbaren, hellgrünen Blätter werden wie Spinat gekocht. Später erscheinen in
den Blattquirlen die erdbeerähnlichen Früchte. Sie sehen wirklich wie kleine Erdbeeren aus,
doch der Geschmack ist eher enttäuschend. Als essbare Dekoration eignen sie sich jedoch
hervorragend.

Alle diese Blattgemüse können wieder über den Samenfachhandel bezogen werden. Adressen
finden sie im Anhang.

Probieren Sie einmal Blattsalat mit Baumspinat und Roter Meier:
1 Kopfsalat wird gewaschen und zerkleinert. 1 Hand voll rotviolette, zarte Blattquirle des
Baumspinates und junge Blätter des Roten Meiers verlesen, kurz waschen und unter den
Blattsalat mischen.
Eine Marinade zubereiten aus etwas Honig, Öl, Balsamessig, Salz und Pfeffer. Mit wenig fein
gehacktem Liebstöckel und viel Schnittlauch würzen.
Die Marinade erst kurz vor dem Essen unterheben, da sonst die roten Blätter unansehnlich
werden.

Tipp
Dieser schmackhafte, dekorative Salat schmeckt gut zu kräftigem Bauernbrot, aber auch zu
Grillfleisch.

Rhabarber *Rheum rhabarbarum*

Seit dem frühen Mittelalter wird der aus China stammende Rhabarber in den Klöstern Mitteleuropas angebaut.
Rhabarber, die Wurzel der Barbaren; so lautet eine Worterklärung. Als Barbar bzw. barbarisch wurde früher alles bezeichnet, was als fremdländisch galt.
Rhabarber wird in unseren Breiten meist wie eine Frucht verwertet, z.B. als Kompott oder in der Marmelade. Es zählt aber zu den Gemüsepflanzen!

   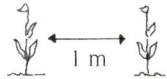

Die ausdauernde Staude entfaltet im Frühling große, fächerartige Blätter. Im Herbst zieht sie sich ganz in den Boden zurück und überwintert in unterirdischen Knospen.
Bei der Ernte im Frühjahr werden die kräftigen Blattstängel vorsichtig heraus gedreht. Die Blätter dürfen nicht verzehrt werden, da sie giftig sind. Um die Pflanze nicht zu schwächen, erntet man pro Woche nur eine Mahlzeit. Öfter sollte man das Fruchtgemüse auch nicht verspeisen, denn die enthaltene Oxalsäure (Kleesäure) kann im Übermaß schädlich sein. Die Erntezeit endet am 24. Juni, danach ist der Säuregehalt zu hoch und die Pflanze wird zu sehr geschwächt.
Rhabarber enthält wichtige Mineralstoffe sowie viele Vitamine; seine Ballaststoffe wirken entgiftend, entschlackend und entwässernd! Je jünger die Rhabarberstange, umso gesünder ist sie.

Im Herbst oder zeitigem Frühjahr verträgt der Rhabarber eine gute Portion Mist oder Kompost Die Staude wird durch Wurzelteilung vermehrt.

Tipp
Probieren Sie den Rhabarber bei Freunden und Nachbarn und erbitten dann einen Ableger von der Sorte, die Ihnen am besten geschmeckt hat.

Darf der Rhabarber blühen? Sicherlich! Doch die Blüte nimmt der Pflanze viel Kraft, wodurch der Ertrag wesentlich geringer ausfällt.

Gelagert werden kann Rhabarber nicht. Entweder wird er eingefroren, eingekocht oder zu Marmelade und Kompott verarbeitet.

Rhabarberpfannkuchen

Einen Eierkuchenteig herstellen und den Rhabarber säubern und in kleine, nicht zu dicke Stücke schneiden.
Fett in die Pfanne geben, den Boden der Pfanne mit Eierkuchenteig füllen und Rhabarberstücke gleichmäßig darauf verteilen. Den Kuchen auf einer Seite goldbraun backen und wenden. Damit er gleichmäßiger gart, immer den Deckel auflegen. Mit Zucker bestreut servieren.

4 Eier
1 Prise Salz
150 g Mehl
gut ¼ l Milch
500 g Rhabarber
etwas Fett

Gartentipp
Die bei der Ernte abfallenden großen Blätter des Rhabarbers eignen sich als Schneckenfalle. Über Tag verkriechen sich die Schnecken unter den abgeschnittenen Blättern und können abgesammelt werden.

Rhabarberkuchen mit Hindernissen.

Die dicke Rhabarberstaude befand sich früher in der Ecke hinter dem Kuhstall, auf unserer Kuhweide. Dort stand sie sicher, denn Kühe fressen die harten Blätter nicht.
Großmutter schickte uns Kinder auf die Weide, um ein paar Stangen Rhabarber zu ernten. Dies war für meine Schwester und mich immer ein schwieriges Unterfangen.
Da das Weidetor aus zwei Elektrodrähten mit Handgriffen bestand, war es gar nicht so einfach, dieses zu öffnen. Nur mit großem Kraftaufwand ließ es sich aushaken. Bis wir es aber geöffnet hatten, standen die drei Kühe schon vor dem Tor; sie wollten hinaus. Meine Schwester Rita, mit Stock bewaffnet, sollte sie in Schach halten. Doch eine Kuh ist für ein kleines Mädchen riesengroß und die Kuh Ida schaffte es, auszubüchsen. Da ich mit dem Rhabarber beschäftigt war, konnte ich das Tier auch nicht zurück halten und wenn ein Rindvieh einmal das Vorgartenbeet erschnuppert hat, ist es nicht mehr zu bremsen.
Den Rhabarber hatten wir geerntet, das Tor war zu, doch eine Kuh stand mitten in den Rabatten und fraß, was ihr Herz begehrte.
Die ganze Familie wurde gebraucht, um den Vierbeiner auf die Weide zurückzubringen.
Zum Glück gab es nach getaner Arbeit Rhabarberkuchen mit einem Klecks Schlagsahne drauf. Die süße Sahne versöhnte uns dann wieder mit den eigenwilligen Kühen.

Topinambur *Helianthus tuberosus*

Im 17. Jahrhundert kam die alte Indianerpflanze aus Mexiko nach Europa, sie wurde jedoch im 18. Jahrhundert gleich wieder von der Kartoffel verdrängt.
Topinambur ist heute wieder häufig in den Gärten zu finden, doch viele Gärtner wissen gar nicht, dass die Wurzeln ihrer Staudensonnenblume essbar sind.

   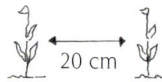

Topinambur ist eine imposante Pflanze, die bis zu 3 m hoch wird und sich schnell ausbreitet. Im Herbst öffnen sich bei vielen Sorten sonnenblumenartigen Blüten. In nahrhaftem Boden entwickeln sich dicke, knollige Früchte. Im Geschmack erinnern sie roh an knackige Paranüsse.

Tipp
Pflanzen sie Topinambur an den Rand des Gartens, da kann er sich ausbreiten.

Ab dem Spätherbst und den ganzen Winter über kann die Wurzelknolle geerntet werden. Besser ist es jedoch, die Früchte einzulagern, da sie sie gerne „von unten gestohlen werden". Vierbeinige Leckermäuler, auch Wühlmäuse genannt, bereichern ihren winterlichen Speiseplan gerne mit dem knackigen Gemüse.

Besonders wegen des Zuckerstoffes Inulin sind diese Knollen gut für die Gesundheit. Weitere Vitamine sowie Kalzium und Eisen stimulieren das Immunsystem, neutralisieren schädliche Darminhalte und helfen beim Aufbau einer gesunden Darmflora sowie gegen Übergewicht.

Tipp
Die ausgereifte Knolle schmeckt am besten während der Gartenarbeit. Eine kleine Pause mit einem Topinambur-Imbiss lohnt sich immer und gibt neue Kraft.

Rohkost aus Topinambur, Möhren und Äpfeln

Topinambur, Möhren und Äpfel reinigen und gut bürsten, evtl. schälen. Anschließend grob raspeln und die Äpfel mit wenig Zitronensaft beträufeln und vermengen. Eine Sauce aus süßer Sahne, Joghurt, etwas Zitronensaft, einer fein gehackten Zwiebel, Salz und Pfeffer herstellen. Gemüse auf einem Teller anrichten, Sauce darüber geben und mit gerösteten, gehackten Haselnüssen und den Kräutern bestreuen.

Topinambur
Möhren
Äpfel
Zitronensaft
Süße Sahne
Joghurt, Zwiebel
Salz, Pfeffer
Haselnüsse und Kräuter

Leckere Früchte aus der Erde

In den 1960er Jahren war es üblich, dass unsere ganze Familie einen Sonntagsspaziergang machte. Nelli, der Zwergschnauzer, lief immer voran. Vater und Mutter sahen sich das Anwesen an, ob noch alles in Ordnung war. Meine Schwester und ich pflückten Blumen oder schoben unseren kleinen Bruder im Kinderwagen. Das Schlusslicht bildete Mieze, unsere Katze, die bei keinem Spaziergang fehlte.
Der Weg führte immer an einem Wildacker vorbei. Der Jäger hatte an dieser Stelle Topinambur angepflanzt, um das Wild anzulocken. Das Gemüse machte meinen Vater neugierig. Er hatte davon gelesen, wusste, dass es sehr gesund sein sollte und natürlich wollte er davon probieren.
Als die Pflanzen endlich groß geworden waren und zu blühen anfingen, nahm Vater die Hacke mit und versuchte, an die leckeren Wurzeln zu gelangen. Doch wo waren die Knollen? Er fand nur dünne Wurzeln. Enttäuscht gingen wir nach Hause. Die konnte der Jäger gern für sein Wild haben, da waren wir nicht neidisch drauf.
Einige Wochen vergingen, der Herbst nahte und der Wildacker wurde braun und unansehnlich. Bei der nächsten sonntäglichen Runde waren alle erstaunt. Die Wildschweine hatten den Acker umgepflügt und dabei die Topinamburknollen an die Oberfläche befördert. Einige lagen, vom Regen gesäubert, auf der Erde. Mit dem Taschenmesser schabte Vater eine Knolle und alle bekamen scheibchenweise davon zu probieren. Hm, lecker, nussiges Aroma; doch erstaunlich, in welcher Zeit sie dick geworden waren!

Salat

Die Ursprungsgebiete des Salates liegen im Bergland von Ostafrika und Ägypten sowie in Asien.
Die folgenden Salatsorten werden im Sommer geerntet.

Hühner gackeln tagein tagaus,
wollen aus dem Pirk heraus.
Fliegen in den Garten rein,
bei super tollem Sonnenschein.
Lassen sich den Salat gut schmecken.
Oh, wann wird die Bäuerin sie entdecken?

Kopfsalat Lactuca sativa var. capitata

Der „Koppschloot" bzw. grüne Salat ist der bekannteste Sommersalat, er wächst schnell, ist besonders vitaminreich und im Handumdrehen zubereitet.

  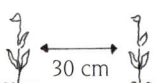 

Ab Februar kann mit der Aussaat unter Glas begonnen werden, ab Mitte März direkt ins Beet säen. Die Jungpflanzen verpflanzen, wenn sich das 3.–4. Blatt zeigt. Salat nie zu eng und zu tief pflanzen, um Pilzkrankheiten vorzubeugen.
Salat eignet sich gut als Vor- und Nachkultur und lässt sich jederzeit in Lücken pflanzen, z.B. dort, wo anderes Gemüse abgeerntet wurde.
Salat kann heute das ganze Jahr über angebaut werden. Für jede Jahreszeit gibt es die richtige Sorte, ob im Hochsommer auf dem Beet oder im Winter im geheizten Gewächshaus.
Wenn der Salatkopf fest und geschlossen ist, ist er erntereif.

Tipp

Lassen Sie ab und zu mal einen Kopfsalat „schießen". Für Kinder ist es interessant zu sehen, wie Salat blüht.

Salat muss frisch verzehrt werden, dann ist sein gesundheitlicher Wert am höchsten. Wichtig für uns Menschen ist besonders das Magnesium, ohne dass wir müde, unkonzentriert und schlapp wären.

Endivie & Feldsalat s. Herbst

Grüne Suppe

Wenn zu viele Salatköpfe gleichzeitig reif sind und zu „schießen" drohen, kann man diese schmackhafte Suppe kochen:

Zwiebel und Knoblauch werden klein gehackt und im Fett leicht angedünstet. Die Salatköpfe und das frische Gartengrün waschen, zerkleinern und mit der Brühe zu den Zwiebeln geben. Aufkochen und ca. 5 Minuten ziehen lassen. Das Mehl - mit kaltem Wasser angerührt - zum Andicken in die Suppe geben und die Sahne hinzufügen. Suppe auf dem Teller mit frischen Kräutern und Ringelblumenblütenblätter anrichten und frisches Brot dazu reichen.

2 EL *Butter oder Margarine*
2 *Zwiebeln*
1 *Knoblauchzehe*
1 *kg Salat*
2 *Handvoll grüne Kräuter oder Beikräuter (z.B. Löwenzahn, Giersch, Melde, auch Möhrengrün oder Mangold, alles was grün und essbar ist)*
1 L *Gemüsebrühe*
Salz, Pfeffer, Muskat
2 EL *Dinkelmehl*
2 EL *Wasser*
1 *Becher Sahne*
frische geschnittene Kräuter wie Petersilie, Schnittlauch, Dill und Blüten

Ein schüchternes Mädchen

Ein junges, ruhiges, zurückhaltendes Mädchen war in den 50er Jahren bei einer Familie im Bergischen eingeladen. Groß und Klein waren versammelt und saßen um den großen Tisch. Unter anderem gab es auch frischen Salat aus dem Garten und jeder langte kräftig zu. Für das Mädchen, dessen Familie selbst keinen Garten hatte, war es ein Genuss, den frischen Salat zu essen, sie langte ein zweites Mal zu. Doch auf einmal wurde sie ganz weiß um die Nase. Was war das auf ihrem Teller? Es bewegte sich, es kroch. Ganz, ganz klein, aber unter dem Salatblatt verkroch sich gerade eine kleine Schnecke. Was tun? Die Hausfrau konnte man doch nicht bloß stellen und vom Tellerrand würde sie weg krabbeln. Oh je, da war guter Rat teuer! Am besten Augen zu, das Salatblatt hinein und runter geschluckt. Niemand hat etwas bemerkt.

Schnittsalat *Lactuca sativa var. Segalina*

„Schnickschloot" ist ein Frühjahrs- oder Frühsommersalat, der weniger Ansprüche stellt als Kopfsalat. Er bereichert aber jeden Salatteller, da er auf der Zunge zergeht.

  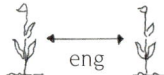

Von März bis Juni kann direkt in Reihen oder breitwürfig auf dem Beet ausgesät werden. Vereinzeln ist notwendig, was aber durch fortlaufende Ernte geschehen kann. Der Boden muss von Unkraut frei gehalten werden, da der zarte Salat sonst untergeht.

Etwa 4 Wochen nach der Aussaat ist die Pflanze erntereif und wird abgeschnitten. Schnittsalat muss immer wieder neu gesät werden.

Überall Salat

Für unsere große Familie wurde das ganze Gemüse im eigenen Garten selbst gezogen. Dadurch gab es immer reichlich Salat. Er war gesund, wuchs schnell und machte keine großen Probleme. Dabei wurde darauf geachtet, dass ca. alle 2 Wochen neuer Salat gesät wurde. Die kleinen Pflänzchen kamen auf die freien Flächen des Gartens und war irgendwo eine noch so kleine Stelle frei, so stand dort bestimmt bald ein Salatkopf. Hatte man selbst keine eigenen Pflanzen gezogen, wurde der Nachbar gefragt, ob er Jungpflanzen abgeben könnte. Irgendjemand hatte immer Pflänzchen. Meistens wurde zuviel Salat angebaut, doch das war nicht schlimm. Die Hühner freuten sich über das geschossene Grünzeug.

Im Sommer gab es fast täglich Salat und Salzkartoffeln. Die weiße Salatsauce bestand aus Sahne, Milch, Salz, Pfeffer und Essig und war meistens dick und fett. Gegessen wurde um 12 Uhr und wer dann nicht am Tisch saß, musste später Aufgewärmtes essen.
Ich fuhr damals mit dem Bus zur Schule und war erst gegen 14 Uhr zurück. Das Mittagessen sah dann mager aus. Die Salzkartoffeln schmeckten aufgewärmt nicht und der Salat hatte dann auch seine besten Zeiten gesehen. Er hatte sich ganz der fetten Sauce ergeben, lag matt darin und zog fast Fäden, wenn er heraus genommen wurde. Besonders schlimm war das bei Schnittsalat, der fiel immer sofort in sich zusammen.
Damals war verständlich, dass ich keinen Salat aß, den meine Oma Stunden zuvor zubereitet hatte. Ich liebte den frischen Salat.

Tipp
Schnittsalat nie lange in der Sauce ziehen lassen, da er sonst ganz zusammenfällt.
Selbst angebauter Salat ist viel zarter als der aus dem Laden!
Er sollte immer ganz frisch verwendet werden, denn die empfindlichen Blätter welken schnell.

Römer- oder Bindesalat *Lactuca sativa var. romana*

In bergischen Gärten war der Bindesalat häufig anzutreffen. Um den herben Inhaltsstoff, der sich durch Lichteinwirkung entwickelte, zu unterbinden und die Blätter hellgelb ernten zu können, wurde der ganze Kopf zusammengebunden. Heute wissen wir, dass gerade die Bitterstoffe sehr wichtig für unsere Ernährung sind und darum sollten wir auf das Binden verzichten.

Die Aussaat unter Glas erfolgt ab Februar, ins Freiland wird ab April gesät. Wer Köpfe ernten will, vereinzelt die zu eng stehenden Pflanzen, andernfalls kann der Salat wie Schnittsalat geerntet werden. Er benötigt eine gute Wasserversorgung.

Bindesalat wird wie Endivien zubereitet, aber auch gekocht als Gemüse ist er schmackhaft.

Pflücksalat *Lactuca sativa var. crispa*

Wer schnell ein paar Blätter Salat braucht, kann sie im Garten pflücken, ohne die ganze Pflanze dabei abzuschneiden. Eine praktische Sache, dieser „Plöckschloot".

Von März an im Garten aussäen. Pflanzen die zu dicht stehen ernten, so dass einige Köpfe stehen bleiben. Von diesen „Köpfen" werden die Salatblätter von außen nach innen abgepflückt, wobei die Pflanze weiter wächst. Aus dem Herzen heraus entwickeln sich immer neue Blätter, wodurch die Ernte sehr lange anhält.
Pflücksalat gibt es auch in rotblättriger Form, so dass er auch Farbe auf den Teller bringt.

Kohlrabi *Brassica oleracea var. gongylodes*

Die aus Mitteleuropa stammende Kohlrabi war schon bei unseren Urur-grossmüttern beliebt. Ob die hellgrüne oder die blaue Sorte, beide sind schmackhaft und lecker. Bei dieser Kohlsorte bilden nicht die Blätter einen Kopf, sondern es ist der Stängel, der sich zu einer Kugel verdickt. Kohlrabi sind Oberkohlraben, weil sie über der Erde wachsen.

  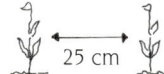

Kohlrabi ab Februar unter Glas vorziehen, pikieren und wenn das 3.-4. Blatt erscheint, an Ort und Stelle pflanzen. Von April an kann auf dem Anzuchtbeet im Garten vorgezogen werden.

Das Beet wird im Vorjahr gut mit Kompost und verrottetem Mist versorgt, um reichlich Nahrung zu bieten. Wenn Kohlrabi zu langsam wachsen und zu wenig Wasser bekommen, werden sie schnell holzig. Daher sollte auf das regelmäßige Wässern geachtet werden, was jedoch im regenreichen Bergischen Land normalerweise kein Problem ist.

Am besten schmecken Kohlrabi im Frühjahr und im Herbst, wenn sie zart und frisch aus dem Garten kommen. Sie enthalten viele wertvolle Inhaltsstoffe. Neben einem hohen Gehalt an Vitamin B und C haben sie einen hohen Anteil an wichtigen Spurenelementen und Mineralstoffen. Sie sorgen für Vitalität, ein gesundes Immunsystem und stärken das Herz. Kohlrabi ist leicht verdaulich und gilt daher, wie der Blumenkohl, als gute Kranken- und Kinderkost. Da sie einen wunderbaren Eigengeschmack haben, reicht es, sie mit Salz, evtl. Pfeffer und etwas Muskat zu würzen.

Kohlrabi, das zarte Gemüse,
sorgt für ganz besondere Genüsse.
Ob gerade aus dem Garten frisch,
oder zu Mittag mit Sauce auf den Tisch.
Lass sie dir schmecken,
du wirst dir noch die Finger lecken.

Kohlrabistifte mit Joghurtdipp

Verschiedene Kräuter wie z.B. Knoblauchsrauke, Sauerampfer, Bärlauch, Giersch, Gundermann, Spitzwegerich, etwas Liebstöckel sehr klein hacken.
Joghurt und Frischkäse verrühren, kräftig abschmecken und die Kräuter hinzufügen. Kohlrabi zu Stiften schneiden, die in den Dipp getunkt werden.
Ein leckeres Naschwerk für einen gemütlichen Abend.

250 g Naturjoghurt,
100 g Frischkäse,
Kräutersalz, Pfeffer

Die dicksten Kohlrabi

Onkel Paul war, soweit ich mich erinnern kann, immer ein erfolgreicher Gärtner. Er war besonders stolz darauf, die dicksten Kartoffeln oder den größten Kohl zu haben und damit gab er mächtig an.
Seine Kohlrabi lagen ihm sehr am Herzen und er sprach ihnen gut zu, damit sie besonders prächtig wurden. Dick, rund und makellos standen sie erntereif in Reih und Glied.
Doch was entdeckte er beim Nachbarn, als er über den Zaun schaute? Das konnten unmöglich Kohlrabi sein! Kohlrabi so groß wie Kinderköpfe, das ging nicht mit rechten Dingen zu. Und doch, es waren Kohlrabi, nur viel, viel dicker als gewöhnlich. Wie hatte Nachbar Egon das nur fertig gebracht? Die Riesenkohlrabis gaben Onkel Paul Rätsel auf. Im Stillen sprach er zu sich selbst: „Wenn Kohlrabi so dick werden, dann sind sie holzig und schmecken nicht mehr!" Es war ein schwacher Trost, denn der Riesenkohl stach ihm jeden Tag ins Auge.
Wie staunte Onkel Paul aber, als er durch die Hecke hindurch hörte, wie Egon mit seiner Frau sprach: „Sieh mal, meine neue Kohlrabisorte 'Superschmelz'. Ist die nicht fantastisch? Da kann Paul nicht mithalten."

Sommer

*Dem Fröhlichen ist jedes Unkraut eine Blume,
dem Betrübten jede Blume ein Unkraut.*

Juni

Am 21. Juni ist Sommeranfang und Sommersonnenwende. In Skandinavien begrüßt man die schönste Zeit des Jahres mit einem fröhlichen Gartenfest! Dazu treffen sich Freunde und Nachbarn zum geselligen Essen und tanzen mit Blumenkränzen im Haar ausgelassen ums Mittsommer-Feuer.

In unserer Region wird am 24. Juni das Johanni-Fest (Tag des hl. Johannes des Täufers) gefeiert. Um diesen Tag ranken sich viele unserer Gartenregeln und Bräuche. So beginnt man z.B. ab diesem Tag damit, das Johanniskraut zu schneiden, die Spargel- und Rhabarberernte enden.
Ein alter Brauch ist der Sprung über das Johannes-Feuer. Er bringt Gesundheit für das kommende Jahr und Liebespaaren verheißt er dauerhaftes Glück.

Im Garten blüht und gedeiht alles prächtig. Zu dieser Zeit kann ständig frisches Gemüse geerntet werden.

Durch häufiges Rasenmähen fällt viel Rasenschnitt an. Dieser wird dringend im Garten benötigt, um den Boden vor dem Austrocknen zu bewahren. Sollten trotzdem offene Stellen vorhanden sein, so muss gehackt werden, besonders nach Regen. Der Boden trocknet dann nicht ganz so schnell aus, weil die Kapilarwirkung unterbrochen ist.

Nehmen Sie immer wieder Ihr Gartentagebuch zur Hand und schreiben alle Gartenerlebnisse hinein.

St. Johannes (24.) Regengüsse, verderben uns die besten Nüsse.

Juli

Im Garten gibt es sehr viel zu tun. Die Frühkartoffeln sind reif und es kann ständig neuer Salat ausgesät werden. Das unermüdlich sprießende Unkraut muss gejätet werden.

Überbordende Gemüsebeete liefern mehr, als die Familie verzehren kann. Die meisten Gemüse kann man blanchieren und einfrieren und zu einem späteren Zeitpunkt genießen.

Es ist die Zeit der Beerenobsternte, die Zeit der Gartenfeste und Grillpartys und die Zeit, die üppige Blütenvielfalt im Blumengarten zu genießen.

Anna (26.) warm und trocken,
macht den Bauer frohlocken.

August

Die Sonnenblumen stehen stolz im Garten und verbreiten ihre Fröhlichkeit. Auf den abgeernteten Beeten werden die Herbst- und Wintergemüse gesät und gepflanzt.

Die Beete sollten weiterhin gemulcht werden, das erspart viel Hackarbeit und der Boden bleibt feinkrümelig und feucht. Teilweise kann jetzt Gründüngung eingesät werden.

Der Sommer neigt sich langsam dem Ende zu, oft mit den heißesten Tagen des Jahres.

Wer im Sommer Kappes klaut, hat im Winter Sauerkraut!

Kapuzinererbse

Rübstiel *Brassica rapa var. esculenta*

Aus der Familie der weißen Rüben stammt auch der Rübstiel. Besonders beliebt ist er im Rheinland, im Ruhrgebiet, im Sauerland und im Bergischen. Sonst kennt man dieses Gemüse kaum. Der Rübstiel wird auch Stielmus genannt.

Hast du Rübstiel im Garten
dann musst du nicht lange warten,
denn ob groß oder klein,
alle laden sich zum „Stillmoos-Essen" ein.

Rübstiel wird von April bis Juni ins Freiland gesät. Er ist sehr schnell wüchsig und bildet lange Blattstiele mit schmalen, weichen Blättern. Verwendet werden nur die jungen Blattstiele und Blätter der Rübenart. Eng stehende Pflanzen bleiben zarter.

Auch Schnecken mögen Rübstiel sehr gerne, besonders die kleinen Ackerschnecken, die sich tagsüber im dichten Blätterwerk verkriechen, was die Ernte natürlich erschwert.

Rübstiel eignet sich nicht zur Lagerung. Kurz blanchiert, lässt sich das Gemüse einfrieren und so noch einige Wochen genießen. Früher gab es sogar einen „Strööfoovend" auf den bergischen Bauernhöfen. An diesem Abend kamen die jungen Mädchen zusammen, um die Rübstielblätter abzustreifen, die seinerzeit wie Sauerkraut eingesäuert wurden.

Stielmus-Eintopf

Eine Zwiebel andünsten, gewürfelte Kartoffeln zusammen mit dem fein zerkleinerten Rübstiel zugeben und mit Gemüsebrühe kochen. Zum Schluss wird mit Milch, oder besser noch mit Sahne auffüllen. Mit Salz, Pfeffer und Muskat abschmecken und mit einem hart gekochten Ei servieren.

Heißhunger auf Rübstiel

Nicht nur schwangere Frauen haben Gelüste auf ein ausgefallenes Essen. Es gibt auch Männer, die von Köstlichkeiten träumen und dann alles in Bewegung setzten, um sie zu bekommen. So zog mein Helmut durch die Gemüsegeschäfte unseres kleinen Ortes, um Rübstiel zu kaufen. Doch nirgends war das begehrte Gemüse aufzutreiben.
Was er jedoch fand, war eine Tüte Rübstiel-Samen. Den brachte er mir mit und drängelte so lange, dass ich es noch am gleichen Tag aussäte. Nach 6 Wochen konnte er endlich seinen Heißhunger auf Rübstiel stillen.

Gut gemeinte Gartenpflege

Als junge Frau, wollte ich meinen zukünftigen Schwiegereltern eine besondere Freude machen. Anfang Juni fuhren sie in Urlaub und ihr Sohn, mein Freund, hatte überhaupt keinen Sinn für einen akkurat geführten Gemüsegarten. Ich war das Gartenleben von zuhause gewohnt und liebte es. Also ließ ich mir genau für 14 Tage die Gartenpflege übertragen. „Jeden Tag gießen, wöchentlich Rasen mähen, aber jäten brauchen Sie nicht, Fräulein Monika!"
Ich tat es trotzdem (ich wollte ja etwas besonders Gutes tun). In einer Reihe wuchsen ganz dicht irgendwelche Rüben oder Radieschen.
Ich hatte zuhause gelernt, Pflanzen, die zu eng stehen, müssen vereinzelt werden. Das hieß in meinem Fall: mindestens 2/3 der Pflanzen müssen raus. Da sie schon sehr groß waren, räumte ich ordentlich auf und freute mich im Stillen schon über ein Lob. Doch zu früh gefreut…
Meine bearbeitete Reihe „Rüben" war Rübstiel, von dem das Grün gesund und wie gewünscht gewachsen war, doch ich kannte es nicht und bearbeitete dieses Gemüse falsch.
Außerdem brachte ich die höflichen Eltern meines Freundes sehr in Verlegenheit:
Wussten Sie doch nicht, ob sie sich bedanken sollten, oder über meine Unwissenheit heulen sollten. Zuguterletzt haben wir darüber gelacht (auch Jahre später noch) und ich habe aus meinem Fehler gelernt!

Erbse und Zuckererbse *Pisum sativum var. medullare*

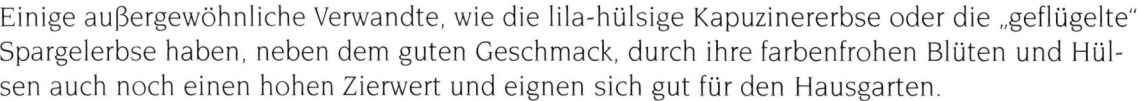

Die Erbse gehört zur Familie der Hülsenfrüchte. Unsere heutige Kulturform wurde über Generationen aus einer Wildform gezüchtet. Die ältesten Funde stammen aus jungsteinzeitlichen Ackerbaukulturen in Kleinasien. In Deutschland waren Erbsen, neben Linsen und Getreide, seit Jahrhunderten das wichtigste Grundnahrungsmittel der bäuerlichen Landbevölkerung.

Zwischenzeitlich gab es mindestens 80 Erbsensorten. Hauptsächlich kennt man Pal-/ Schalerbsen, Markerbsen und Zuckererbsen.

Einige außergewöhnliche Verwandte, wie die lila-hülsige Kapuzinererbse oder die „geflügelte" Spargelerbse haben, neben dem guten Geschmack, durch ihre farbenfrohen Blüten und Hülsen auch noch einen hohen Zierwert und eignen sich gut für den Hausgarten.

  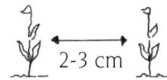

Pal-/Schalerbsen ab März aussäen, andere ab Mitte April. Die Erbse benötigt jedes Jahr ein neues Gartenstück, auf dem im Vorjahr weder Erbsen noch Bohnen angebaut wurden. Das neue Beet wird im Herbst mit reifem Kompost angereichert.

Frisch eingesäte Erbsenbeete können durch eine vorübergehende „Abdeckung" aus feinem Maschendraht oder Reisig vor gierigen Vögeln geschützt werden. Wenn die Pflanzen handhoch sind, häufelt man seitlich Erde an und bringt eine Rankhilfe an.

Im Bergischen war es üblich, die Erbsen mit Birkenreisig zu stützen. Diese Zweige wurden im Winter beim ‚Holz machen' schon zur Seite gelegt.

Die Zuckererbsen werden mit der Schote genascht und geerntet, wenn die Samen noch kaum in der Hülse zu spüren sind. Dann schmecken sie richtig süß und sind besonders beliebt bei den Kindern! Die Zuckererbse hat nur eine sehr kurze Saison und gilt als Delikatesse. Wenn sie größer wird, verliert sie dieses Prädikat. Ihre Körner bleiben beim Kochen fest, genau wie die der Markerbsen. Pal-/Schalerbsen zerkochen völlig und eignen sich gut für Eintöpfe.

Die abgeernteten Sträucher werden direkt über dem Boden abgeschnitten. Die Wurzeln verbleiben im Boden, denn die anhaftenden Knöllchenbakterien verbessern die Gartenerde.

Die besonderen Inhaltsstoffe der Erbse machen sie zu einem Verjüngungsmittel, weil das Zellwachstum und der Zellstoffwechsel gefördert werden. Außerdem sorgt die „grüne Kugel" für eine flotte Verdauung, kräftige Muskeln und glänzendes Haar. Das Gericht „Erbsen mit Kartoffelbrei" steht häufig auf Kinder-Menükarte im Restaurant, es empfiehlt sich jedoch auch für gestresste Eltern.

Tipp
Bei Stress sollte man nicht nur Erbsen zählen, sondern vor allen Dingen viele Erbsen essen. Das in hoher Konzentration enthaltene Vitamin B1 versorgt unsere Nerven wunderbar und wir werden wieder belastbarer.

Erbsenpüree

Kartoffeln und frische, grüne, gepulte Erbsen werden zu gleichen Teilen zusammen in Brühe gekocht. Anschließend alles durch ein Sieb streichen, etwas Butter dazu geben, mit etwas Pfeffer, Salz und Muskat würzen und mit gebratenen Zwiebelringen anrichten.

Zuckererbsen-Eintopf

1 ½ kg Kartoffeln
700 g Zuckererbsen
1 Liter Milch
1 Töpfchen Sahne
Salz, Pfeffer

wird fast genau so gekocht wie der Melde-Eintopf im Frühling, allerdings mit jungen Erbsenschoten.

Hähnchenbrust mit Zuckererbsen und Taglilienknospen.

400 g Hähnchenbrust
1 Knoblauchzehe, zerdrückt
2 Scheiben frischer Ingwer, geraspelt
3 EL Pflanzenöl
1 Bund Frühlingszwiebeln, in 4 cm lange Stücke schneiden,
300 g Zuckererbsen
30 Taglilienknospen
Sojasauce, Salz und Pfeffer

Ein modernes Rezept für ein traditionelles Gemüse, für 4-6 Personen:

Hähnchenbrust in Streifen schneiden, mit Knoblauch, Ingwer und 1 El Öl in eine Schüssel geben, gut vermischen und eine Stunde marinieren.
Das restliche Öl in einer hohen Pfanne erhitzen, Zuckererbsen und Taglilienknospen hinzu geben und kurz andünsten, damit das Gemüse noch bissfest ist.
Das marinierte Fleisch zum Gemüse geben und 2 Minuten braten, dabei gut umrühren.
Würzen mit Salz, Pfeffer und der Sojasauce. Nochmals gut durchbraten lassen und evtl. mit etwas Speisestärke andicken.
Dazu passen Nudeln oder Reis. Frische Taglilienblüten, die auseinander gezupft werden, kommen als Dekoration dazu.

Tipp
Taglilien sind nicht nur schön im Bauerngarten, sondern auch überraschend lecker auf dem Teller!

Schluddererzen

Zu Hause gab es im Sommer häufig „Schluddererzenzopp". Dazu wurden gewürfelte Kartoffel in Brühe gekocht, Zuckererbsen dazu gegeben, alles komplett gegart und dann mit Milch aufgefüllt.
Wenn wir wussten, dass es wieder einmal diese Zuckererbsensuppe gab, trödelten wir auf dem Heimweg besonders lange. Diese Suppe schmeckte uns Kindern nicht.

Erbsengeschichte

Bei uns im Garten wurden einige lange Reihen Erbsen gesät. Wir Kinder halfen gerne dabei, denn wir freuten uns schon, dass es bald etwas zum Naschen gab. Mit unseren kleinen Füßen traten wir die runden Samenkügelchen fest in die Erde und nach kurzer Zeit zeigten sich die ersten grünen Spitzen. Schnell mussten Birkenzweige gesteckt werden, um den rankenden Pflanzen Halt zu geben. Wir Kinder schauten häufig nach, ob nicht schon Blüten oder sogar kleine Hülsen zu entdecken waren. Unsere Mutter wusste um unser reges Interesse und drohte uns öfter mit dem Zeigefinger: „Bleibt von den Erbsen weg, die sind noch nicht soweit …". Ob das immer stimmte? Aber Mütter lügen doch nicht!
Wir kontrollierten trotzdem still und heimlich weiter das Erbsenbeet und stibitzten die eine oder andere Schote. Die Erbsen schnell heraus gepult … hm lecker! Aber wohin mit den Schalen? Unauffällig schoben wir sie unter dicht wachsende Pflanzen und hofften, oft vergeblich, dass die Mutter sie nicht fand.

Ja, und der Gipfel der Genüsse war: Frische Erbsen und einige schwarze Johannisbeeren zusammen zerkaut! Gerne hätte ich mich daran einmal satt gegessen.

Erbsen oder Bohnen?

Mein Sohn Peter, stolze 6 Jahre alt, war ein echter Junge vom Land. Also, zumindest spielte er meistens draußen, machte sich regelmäßig dreckig (nicht staubig!) und konnte schon viel über die Natur erzählen. Er kam etwas missmutig aus der Schule und knurrte immer von der „doofen Lehrerin".
Um ihn auf andere Gedanken zu bringen, bat ich ihn: „Peter, holst du mir für die Suppe noch ein paar Erbsen aus dem Garten?" Er sah zustimmend zu mir herüber, zog seine Stiefel an und bevor er losflitzte, bremste er plötzlich und fragte: „Also Erbsen, wie sehen die noch mal aus?"
Verwundert antwortete ich: „Peter, das sind die Pflanzen mit den grünen und lila Schoten, die so schön hochranken!" „Ach, ja" und weg war er.
Minuten später kam er knurrend wieder ins Haus: „Das war aber Arbeit, die sind noch viel zu klein." Er legte mir ein Händchen voll klitzekleiner Bohnen, auch grün und lila, auf den Tisch. „Ach Peter, das sind doch Bohnen!"
„Mama, ist egal, die Farbe ist doch wenigstens richtig!"
Ich hätte heulen können, aber als Mutter muss man schon mal Diplomat sein und so antwortete ich nur: „Oh, Peter, das wird bestimmt eine besonders leckere Suppe!"

Gurke *Cucumis sativus und anguria*

Die Heimat der Gurken liegt in Ostindien und im tropischen Afrika, was erklärt, dass sie so wärmebedürftig sind.

Haben sie schon einmal frische Gurken aus dem eigenen Garten gegessen? Nichts geht über diese Frische! Gerade aus dem Garten geholt und 10 Min. später auf dem Tisch. So etwas kann man nicht kaufen.

  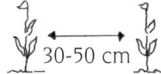

Vorkultur ab April, Aussaat im Freiland und Auspflanzen erst nach den Eisheiligen.
Jungpflanzen sind eine Leibspeise der Schnecken!
Die nahrhafte Erde sollte stets feucht gehalten werden – was auch durch eine Mulchschicht unterstützt wird.
Gurken brauchen Platz zum Ranken, sei es am Gartenzaun oder in einem breiten Beet.

Tipp
Gurken im Windschutz von Stangenbohnen pflanzen, weil sie keinen Wind mögen.
Sie gedeihen prima auf einem Kompost- oder Misthügel, insbesondere auf abgelagertem Pferdemist.

Tritt man aus Versehen auf eine Gurke, so spürt man sofort: Dieses krumme grüne Ding hat viel Saft bzw. Wasser. Bis zu 95% Wasser kann eine Gurke enthalten, doch in den restlichen 5% stecken wertvolle Spurenelementen und Mineralien sowie Vitamine, Eiweiß und Ballaststoffe. Der Gehalt an Kieselsäure kräftigt Haut und Bindegewebe, Haare und Nägel. In der Kosmetik wird die Gurke gerne bei allen Hauttypen angewendet. Falls die Hose kneift, hilft eine Gurkendiät, denn die Gurke hat sehr wenig Kalorien (100 g Gurke ~ ca. 14 Kcal).

Tipp
Gartengurken sind an der Spitze manchmal bitter. Dann ist es wichtig, die Gurke vom Stiel zur Blüte hin zu schälen, denn sonst werden die Bitterstoffe über die ganze Frucht verteilt!

Tipp
Wer keinen Gurkensalat verträgt, sollte etwas Senf in die Salatsoße geben, dann ist dieser Salat besser verdaulich.

Bittere Gurken

In den 1950er Jahren fand man in den Gärten der Region riesige Beete mit Gurken. Kräftig und grün überrankten sie große Flächen.

Wir Kinder waren zuständig fürs abendliche Gurkengießen, wussten wir doch, dass zuwenig Wasser die Gurken bitter machte. In trockenen Sommern gab es viele bittere Gurken, weil das vorhandene Quellwasser nicht ausreichte.

Unter dem dichten Blätterdach waren die Fruchtansätze oft kaum zu finden und so kam es vor, dass ab und zu eine Gurke bei der Ernte übersehen wurde. Sie wurde dann reif, dick und gelb.

Doch auch die überreifen und bitteren Gurken wurden gegessen. Das Ende mit dem Blütenansatz war meist besonders bitter und von diesem schnitt man immer wieder etwas ab, bis es einigermaßen genießbar war. Man spuckte häufig bei dieser Tätigkeit. Es passierte auch, dass der ganze Gurkensalat bitter schmeckte. Aber da musste man durch. Es war doch zu schade, die gute Frucht den Tieren zu geben.

Schmorgurken „Tante Agnes"

In unserer Familie wurde dieses Rezept besonders geliebt.
Die Gurken schälen, längs halbieren, die Kerne mit einem Löffel heraus kratzen.
Gehacktes mit Ei und Zwiebeln gut vermengen, mit Salz und Pfeffer kräftig abschmecken und in die Gurken geben. Zwei gefüllte Gurkenhälften zusammensetzen und mit einem Baumwollfaden zusammenbinden.
Butter in einer Kasserolle erhitzen, die Gurken leicht anbraten, Gemüsebrühe angießen. Im geschossenen Topf ca. 30 Minuten schmoren lassen. Noch etwas bissfest werden die Gurken aus dem Topf genommen und vom Faden befreit.
Den Sud mit saurer Sahne und evtl. ein wenig Speisestärke andicken und viel frischen Dill dazu geben, mit Salzkartoffeln reichen.
Aber Vorsicht, immer den Faden von den Schmorgurken nehmen, sonst ...

4 dicke pralle Gurken aus dem Garten
300 g Gehacktes (halb Rind, halb Schwein)
1 Ei
1 Zwiebel
Salz, Pfeffer
1 El Butter
etwa 3/8 l Gemüsebrühe
etwas Speisestärke
4 El. Saure Sahne
viel frischen Dill

Alter Spruch

Wer Dicke Bohnen und Kartoffeln hat, der wird niemals verhungern.

Dicke Bohne Vicia faba, **bergisch: „Decke Bunnen"**

*Es macht die schwarze Bohnenlaus
so mancher Pflanze den Garaus,
jedoch wenn die Bohnen früh gesät
die Ernte immer gut gerät!
Gärtner Pötschke*

Der älteste Fund von Dicken Bohnen lässt sich ca. 6000 v. Chr. in Israel nachweisen.
Wie lange sie im Bergischen schon angebaut werden ist nicht bekannt, aber sie werden hier seit Jahrhunderten geliebt und verspeist.
Die Dicke Bohne mit ihrem vierkantigen Stängel und den großen, paarig gefiederten Blättern ist weniger frostempfindlich als andere Bohnen. In mäßig kühlem, feuchtem Klima gedeiht sie am besten.

Die Aussaat ins Freiland erfolgt bereits im Februar. Als Schutz gegen Wind, sät man zwei Reihen nebeneinander, schlägt an den Enden Pflöcke in den Boden und spannt rundherum eine Leine.
Leider treten an den Dicken Bohnen oft schwarze Läuse auf, die an den Triebspitzen der Pflanzen saugen. Ist die Pflanze groß genug, wird die Spitze heraus gebrochen und die Läuse verschwinden.
Um 1920 streckte man Getreidemehl mit dem nahrhaften Mehl von Dicken Bohnen, da es nicht viel zu essen gab. Häufiger noch ist der geschälte Samen zu Brei und Suppen verarbeitet worden, die einen kräftigen Geschmack hatten und gut verdaulich waren.

Jeder sagt: „iiiiiiih" wenn es Dicke Bohnen gibt, weil sie in Kindertagen meist überreif geerntet wurden und einen strengen Geschmack hatten. Heute werden sie jung verarbeitet und gelten als Delikatesse.

Brotaufstrich aus Dicken Bohnen

100 g Dicke Bohnen, aus dem Glas, mit einer kleinen Knoblauchzehe und reichlich Bohnenkraut und 2 El Öl passieren; mit Pfeffer, Salz und 1 TL Essig abschmecken. – Passt gut zu Vollwertbrot.

Dicke Bohnen-Salat

Ein sehr feines Rezept, das auch Leuten schmeckt, die Dicke Bohnen nicht so gerne mögen.
Feine junge Dicke Bohnen werden nach dem Pulen abgekocht und noch warm in eine Marinade aus weißem Balsamessig, Olivenöl, Pfeffer und Salz, fein geschnittener Schalotte, fein gehacktem Knoblauch und sehr viel Bohnenkraut gegeben.
Das Ganze muss einige Stunden gut durchziehen.

Dicke Bohnen im Kräuterbett

Die Zwiebeln glasig dünsten, Dicke Bohnen, Kräuter und Brühe zugeben und zusammen köcheln lassen, bis die Bohnen noch etwas bissfest sind. Dann mit Salz, Pfeffer und Muskat abschmecken, die Tomaten und die Sahne zugeben. Alles noch 5 Min. ziehen lassen.

500 g dicke Bohnen
2 Zwiebeln, fein gehackt
2 EL gutes Öl z. anbraten
1 TL Bohnenkraut
1 TL gem. Kräuter wie Thymian, Lavendel
150 ml Gemüse- oder Fleischbrühe
Salz, Pfeffer, Muskat
4 dicke Tomaten, gewürfelt
2 geh. EL saure Sahne

Ein Teller voller Dicker Bohnen

Früher musste der Teller leer gegessen werden, sonst bekam man abends das Gleiche wieder vorgesetzt. Und so saß der kleine Friedel vor einem großen Teller mit Dicken Bohnen. Warum hatte die Mutter ihm wieder so viel gegeben? Sie wusste doch, dass er keine Dicke Bohnen mochte. Weil er Hunger hatte, aß er die trockenen Kartoffeln. Das Gemüse aber breitete sich dick und deftig auf dem Teller aus. Was sollte er machen? Er schaute sich in der Tischrunde um. Hatte nicht irgendjemand Erbarmen mit ihm? Die Mutter ermahnte ihn zum Essen und ging an den Herd zurück. Schnell tauschte Onkel Herrmann den Teller mit Klein-Friedel und aß flott die Dicken Bohnen auf. Darüber freute sich der Junge, auch wenn er diesmal nicht satt geworden war. Der Tellertausch blieb ein Geheimnis.
Heute als Erwachsener ist Friedel den Dicken Bohnen gar nicht mehr so abgeneigt.

Stangenbohne und Buschbohne
Phaseolus vulgaris
„Steckelbunnen un Struchbunnen"

Unsere heutigen Grünen Bohnen stammen aus Südamerika und sind erst durch die spanischen Eroberer im 16. Jahrhundert nach Europa gelangt. Lange Zeit wurden sie als Zierpflanzen kultiviert.

Nach der Ankunft der Bohne im Bergischen, wurde ihr Nutzen schnell erkannt. Die Landbewohner pflanzten sie oft in großen Mengen an. Nicht selten fand man die stattliche Anzahl von 70-100 Bohnenstangen in einem Garten. Dabei waren immer einige Reihen Feuerbohnen, die meistens das Beet mit ihrer Blütenpracht begrenzten.

Die Sortenvielfalt bei Bohnen ist enorm, sowohl die Schoten als auch die Samen weisen viele verschiedene Farben und Muster auf, von grün, gelb, lila bis gefleckt, getupft und gestreift. Im Gegensatz zu früher sind heute fast alle Bohnen ohne „Fäden".

  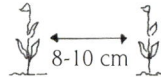

Tipp
Ob Sie Busch- oder Stangenbohnen anbauen, können Sie nach Geschmack entscheiden und dabei berücksichtigen, ob sie sich zur Ernte lieber bücken oder strecken.

Ab Mitte Mai werden die Bohnenkerne flach in den Boden gelegt. Sie sollten noch „die Glocken läuten hören". Buschbohnen können in Reihen gesät werden und erreichen eine Wuchshöhe von ca. 50 cm. Bei Stangenbohnen sollten - nach altem Gartenwissen immer eine ungrade Anzahl - etwa 7 bis 9 Kerne kreisförmig um eine Stange herum in die lockere Erde gelegt. Sie werden mindestens 3 m hoch.

Um Saatgut für das nächste Jahr zu erhalten, lässt man einige der ersten Schoten ausreifen und erntet diese im Herbst, wenn die Kerne trocknen sind. In nassen Jahren müssen die Kerne eventuell nachgetrocknet werden.

Tipp

Bevor das alte Saatgut in die Erde gesteckt wird, gibt man die Samen in eine Schüssel mit Wasser. Alle Samen die oben schwimmen sind nicht mehr keimfähig!

Die bergische Favoritin - die Feuerbohne *Phaseolus coccineus*

Im Bergischen ist die robuste Feuerbohne, auch „Wölle Pitter" genannt, sehr beliebt, weil sie auch im feuchten bergischen Klima gute Erträge bringt. Ihre Ansprüche sind geringer und ihre Hülsen sind dicker als die der anderen Gartenbohnen.

Die Feuerbohne wird auch Blumen- oder Prunkbohne genannt, da sie eine der auffälligsten Pflanzen der Bohnenfamilie ist. Im Sommer erfreut man sich an der Blätterfülle, die schnell einen grünen Sichtschutz zaubert. Sie wird höher als die gewöhnlichen Stangenbohnen, windet sich mit kräftigem Wuchs manchmal bis zu 7 m hoch und trägt üppigen feuerroten Blütenschmuck.

Im Pflanzkübel, am Zaun oder an der Bohnenstange macht die Feuerbohne eine gute Figur und bereichert zudem auch unseren Speiseplan. Jung verspeist, schmecken die Feuerbohnen sehr gut, daher lohnt auch die Mühe, sie zu entfädeln.

Tipp

Bohnen häufig durchpflücken, so hat man immer junge, zarte Böhnchen für die Küche und je mehr man erntet, umso mehr wachsen nach.

Man kann behaupten, dass jede Bohnenmahlzeit einer Verjüngungskur gleich kommt, die Sorte spielt dabei keine Rolle. Da frische Bohnen besonders viel pflanzliches Eiweiß enthalten, regen sie im Körper alle Erneuerungsprozesse an. Außerdem sind unsere Bohnen reich an Mineralien, Vitaminen und Ballaststoffen.

Hausmittel bei Blasenentzündung und Gicht

Dieser getrockneten Mischung entnimmt man 2 EL, gibt ½ l kochendes Wasser hinzu und lässt den Tee ca. 15 Min. ziehen. Diese Menge reicht für 1 Tag und wird schluckweise getrunken.

20 g Bohnenschalen
20 g Maggiekraut
20 g Hauhechel
20 g Queckenwurzel

Wundheilung

1-2 EL getrocknete Bohnen werden gemahlen, mit warmem Wasser zu einem Brei verrührt und 1-2 Mal pro Tag auf schlecht heilende Wunden oder Geschwüre aufgetragen.
Ein altes Rezept, das heute noch wirkt.

Bohnen stehen im Ruf, besonders für Männer als Liebesmittel hilfreich zu sein. Einem müden, erschöpften Mann sollen sie neue Kraft verleihen. Klappt aber nur, wenn auch sein Darm die Bohnen verträgt, sonst geht der Schuss in die Hose.

„Jedes Böhnchen gibt ein Tönchen!"

Tipp
Bohnen können zu Bauchweh und Blähungen führen.
Ein Portion Bohnenkraut oder etwas Natron im Kochwasser kann diese Beschwerden beheben!

Die vielseitige Verwendung zeigt die Beliebtheit der Hülsenfrucht. Man aß sie als grünes Bohnengemüse, abgekocht als Salat oder im Eintopf. Für den langen Winter wurde sie getrocknet oder sauer eingelegt.

Es wird auch erzählt, dass die feinen grünen Böhnchen abgepflückt und getrocknet wurden. Dafür hängte die Großmutter lange Schnüre mit feinen jungen Bohnen hinter dem Ofen auf. Diese schrumpeligen Böhnchen weichte sie samstags ein und servierte sie am Sonntag als leckeres Gemüse.

Tipp
Während Bohnenpflanzen in ihrem Ursprungsland mehrjährig wachsen, können sie bei uns in Mitteleuropa nur einjährig angebaut werden, da sie keinen Frost vertragen. Man kann jedoch versuchen, die Bohnenwurzel zu überwintern. Ähnlich wie bei Dahlien wird sie im Herbst ausgegraben, feucht und frostfrei gelagert und im Frühjahr wieder ausgepflanzt.

Saure Bohnen

Die Herstellung von „Sauren Bohnen" funktioniert genauso wie Sauerkraut machen (s. Winter). Allerdings ziehen die Bohnen beim Zerkleinern nicht so viel Saft wie der Weißkohl. Deshalb benötigt man eine Salzlake (10 – 15 g Meersalz auf 1 Liter Wasser). Diese Art der Gärung heißt Milchsäuregärung.
Die Bohnen putzen, evtl. entfädeln und schräg in dünne Streifen schneiden. Eine Bohnenschnippelmaschine wäre sehr gut! In einer großen Schüssel 5 kg Bohnen und 100 g Salz vermengen und über Nacht stehen lassen. Am nächsten Tag die Bohnen in einen Gärtopf, oder portionsweise in Gläser mit Schraubverschluss, fest stampfen, eventuell noch etwas Bohnenkraut obenauf legen. Der Saft soll über den Bohnen stehen; wenn nicht, gießt man vorsichtig soviel Salzlake hinzu, bis der Saft über dem Gemüse steht. Bei Zimmertemperatur lässt man die Gläser locker zugedeckt ca. 1 Woche lang gären. Ein großer Topf braucht eventuell länger. Wenn in den Gläsern keine Bläschen mehr aufsteigen und es im Gärtopf nicht mehr blubbert, ist die Gärung beendet und die Gefäße kommen in den kühlen Keller. Diese Art von Gemüse kann man heute nicht mehr kaufen, da von Gesetzeswegen so zubereitetes Gemüse immer wärmebehandelt werden muss.

Achtung: rohe Bohnen sind giftig!

Mist für die Bohnen

Vor Jahrzehnten war Dünger auf den kleinen Höfen im Bergischen noch rar. Man konnte froh sein, wenn man eine Kuh sein eigen nennen konnte. Den Mist dieses Rindviehs brachte der Bauer eigenhändig auf das Feld, damit seine Kartoffeln dick wurden. Der Garten bekam nichts ab.
Doch die listige Bäuerin, die jeden Morgen die Kuh auf die Weide treiben musste, hatte immer einen Eimer dabei. Sie sammelte die erste Hinterlassenschaft der Kuh ein und brachte sie in den Garten. Neben den Stangenbohnen wurde eine Bodenvertiefung gemacht, der Mist kam hinein und alles wurde säuberlich mit Erde wieder zugedeckt. Auch andere Gewächse wurden auf diese Weise mit Dünger versorgt. Der Bauer merkte nichts von diesem Tun, wunderte sich nur, was seine Frau für große Mengen Bohnen auf den Tisch brachte.

Mangold *Beta vulgaris var. cicla*

Der Ursprung dieser wenig bekannten Pflanze liegt im östlichen Mittelmeerraum und in den vorderasiatischen Steppengebieten. Mangold war bereits den alten Griechen und Römern bekannt und ist verwandt mit Rote Bete, Runkel- und Zuckerrübe. Allerdings entwickelt er keine unterirdische Rübe und wird als Blattgemüse geschätzt.

Es werden zwei Sorten von Mangold unterschieden, der Blattmangold, dessen Blätter wie Spinat gekocht werden und der Rippenmangold, dessen Stiele zusätzlich wie Spargel zubereitet werden können.

  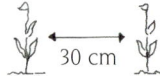

Mangold wird ab März im Freiland ausgesät und mehrmals im Jahr geerntet. Er ist widerstandsfähiger als Spinat und wächst in feuchten Sommern außerordentlich gut.
Nicht zu kalte Winter übersteht die Pflanze und bietet im Frühjahr sehr schnell wieder frisches Grün. Während die Altpflanze im Mai blüht, sollte die neue Saat bereits sprießen.

Blatt- oder Schnittmangold kann dicht gedrängt wachsen, während Rippenmangold vereinzelt wird, sobald das 3.-4. Blatt erscheint, um große Einzelpflanzen zu erhalten. Die entnommenen Sämlinge können wieder gepflanzt oder als Salat zubereitet werden. Bei Rippenmangold reichen 10 Pflanzen für eine vierköpfige Familie. Für die Ganzjahresversorgung wird einmal im Frühjahr und einmal im Sommer gesät.

Mangold hat viele gute Eigenschaften. Durch seinen Reichtum an Ballaststoffen fördert er eine zügige Darmpassage der Nahrung. Sein Gehalt an Vitamin C sorgt für ein gesundes Immunsystem und sowohl geistige wie auch körperliche Frische. Außerdem ist er reich an Mineralien, die unseren Körper im gesunden Gleichgewicht halten.

Mangold gehört wie Spinat und Rhabarber zu den Pflanzen mit viel Oxalsäure. Diese kann bei übermäßigem Genuss dazu führen, dass Kalzium, unser wichtigstes Knochenmineral, vom Darm nicht richtig verwertet werden kann. Wie bei allen Nahrungsmitteln bedeutet dies, dass alles in Maßen und zu seiner Zeit genossen werden soll.

Auf dem Markt gibt es Mangold meistens von März bis Juni zu kaufen. Sein Blattgrün ist schnell welk, deshalb sollte er sofort nach Ernte oder Kauf in der Küche verwertet werden.

Oma mochte keinen Mangold

Der Garten, das war früher Omas Refugium. Da sie das tägliche Essen auf den Tisch brachte, hatte sie auch darüber zu entscheiden, was im Garten angebaut wurde. Alles was ihr nicht schmeckte, kam gar nicht erst in den Garten. So hat es bei uns manches Gemüse niemals gegeben.
Mangold war solch ein Gemüse. Oma baute lieber große Mengen von Melde an. Die schmeckte besser, wie sie immer meinte.
Auch säte sie keinen Salat, der schwarze Samen hatte. Das Saatgut musste weiß sein, wenn es in ihrem Garten wachsen durfte. Sie glaubte fest daran, dass schwarzes Saatgut nur bitteren Salat hervorbrachte.

Mangoldkuchen

Aus Mehl, Salz, Butter und Wasser einen Knetteig herstellen. Zu einer Kugel formen und 30 Minuten kühl stellen. Den Mangold waschen, putzen und die Stiele von den Blättern trennen. Die Blätter werden grob gehackt, mit gewürfelten Zwiebeln in Butter gedünstet und anschließend kräftig abgeschmeckt. Die Stiele in der Zwischenzeit kurz abkochen.
Die Kuchenform, am besten eignet sich eine Quicheform, gut fetten und mit dem Teig auslegen, Mangoldmasse darauf geben und Stiele sternförmig obenauf legen.
Die Sahne mit den Eiern verquirlen, würzen und über den Mangold gießen. Bei 180 Grad im Backofen ca. 35 Min. goldbraun backen lassen.
Wohlstandsvariante: Mit gekochten Schinken und etwas geriebenen Käse verfeinern.

Teig:
150 g Mehl
Salz
75 g Butter
ca. 100 ml Wasser
Belag:
1 kg Mangold
etwas Butter
Salz, Pfeffer, Muskat
2 Zwiebeln
Guß:
100 ml Sahne
3 Eier
Gewürze nach Bellieben

Tomate Lycopersicon esculentum

In des Sommers Garten
stehen die prall reifen Tomaten und warten
auf ihren Auftritt in der Soße.
Die sind besser als aus der Dose!

Die Tomate ist eine unserer interessantesten Fruchtgemüse. Im Laufe der Jahrhunderte hat sie tausende verschiedener Sorten hervorgebracht.
Spanische Eroberer brachten im 16. Jahrhundert die ersten Tomaten aus Peru nach Europa. Hier wurden sie misstrauisch beäugt. Lange Zeit galt sie als exotische Zierpflanze, hielt jedoch schließlich als Aphrodisiakum Einzug in die adeligen Schlafgemächer, was ihr die Bezeichnung Liebesapfel einbrachte. Das ging so weit, dass die Kirche den Genuss der sündigen Schwellfrucht verbot.

Im Bergischen zählt die Tomate – im Vergleich mit den traditionellen Gemüsen – quasi zu den Neubürgern, denn hier kultiviert man sie erst seit den 1960er Jahren.

  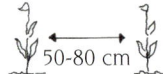

Vorkultur ab Februar/März im Haus, ab Mitte Mai ins Freiland pflanzen.
Abgelagerter Mist eignet sich gut für den Tomatenanbau.

Eine gleichmäßige Wasserversorgung ist wichtig, da die Früchte sonst aufplatzen. Regen von oben und Spritzwasser von unten verträgt die Pflanze jedoch nicht, weil sie schnell von der Kraut- und Braunfäule - einer Pilzkrankheit, die auch bei Kartoffeln vorkommt – befallen wird. Ein Dach über dem Kopf, eine gute Belüftung und eine Mulchschicht an den Füßen dankt die Tomate mit gesundem Wuchs und reicher Ernte.

Stabtomaten wachsen mit einem kräftigen Mitteltrieb, von dem die fruchttragenden Seitentriebe abzweigen. In den Blattachseln entstehen die sog. Geiztriebe, die einfach mit den Fingernägeln rausgeknipst werden. Ende August wird dann auch der Haupttrieb an der Spitze gekappt, damit die Pflanze ihre Kraft in die angesetzten Früchte steckt. Buschtomaten müssen nicht ausgegeizt werden.

Kostengünstige Kletterhilfen für Stabtomaten sind Bambusstangen, lange Weiden- und Haselnussruten oder einfach eine Kordel, die von der Decke herunter hängt und um die man die Pflanze schlingt.

Die ersten, die Tomaten in ihrer Küche verwendeten, waren die Italiener. Sie nannten die Frucht „Pomo d'oro" - Goldapfel - was auf gelbe Früchte hinweist.

Die Fülle an Farben und Formen reicht von winzigen Früchten in Erbsengröße über Kirsch-, Eier- und Birnenförmige bis zur Fleischtomate, wie z. B. der „Ananastomate", die schon mal die 1000 g-Marke knackt. Das Farbenspektrum erstreckt sich von cremefarben über gelb, rosa, rot, grün bis dunkelviolett. Manche Sorten, wie z. B. das „Grüne Zebra", sind sogar gestreift. Dabei gibt es frühe, mittlere und späte Sorten, die unseren Speiseplan opulent bereichern können.
Namen wie „Ochsenherz", „Black Plum", „Gelbe Mirabelle", „San Marzano" oder „Zuckertraube" spiegeln Form, Farbe, Herkunft und Geschmack der Früchte wieder. Ihre Verwendung ist entsprechend vielfältig. Während die kleinen Früchte durchweg sehr süß und aromatisch sind und sich sogar für Konfitüre eignen, gibt es mehlige Sorten für Saucen, saftige für Salat usw. Tomaten können getrocknet oder eingelegt werden; sie gelten roh, gebraten oder gekocht stets als Gaumenkitzel.

Tipp
Tomaten sollte man nicht im Kühlschrank lagern. Dort verlieren die Sonnenanbeter ihr Aroma.

Die erste Tomate

Die ersten Tomaten kamen etwa in den 1950er Jahren in unsere Region. Auf der Lindlarer Kirmes, Anfang August, gab es mal wieder viel Kurioses zu sehen. Liebesäpfel! Wie lachten den Karl die unbekannten roten Liebesäpfel an! Eine Frucht nahm er mit nach Hause, als Überraschung für seine Lieben. Die gesamte Familie bestaunte voller Neugier diese seltsame Frucht. Vorsichtig wurde sie in 8 Teile geschnitten und jeder bekam ein Stückchen …
Welche Enttäuschung! Die Frucht hatte nicht viel Geschmack. Schnell waren sich alle einig, dass man so etwas nicht braucht.

Die Tomate erweist sich von ihren Inhaltsstoffen als die reinste „Biobombe". Sie enthält sehr viele Vitamine, Mineralstoffe und wertvolle Fruchtsäuren. Dieser Cocktail wirkt sich positiv auf das Herz-Kreislaufsystem, den Zellstoffwechsel und das Immunsystem aus. Weitere Bestandteile wirken stimmungsaufhellend, blutbildend und gesundheitsfördernd.
… und natürlich regt der Liebesapfel auch den Hormonhaushalt an!

Die wertvollen Stoffe in den Faserzellen der Tomate können vom Körper besser verwertet werden, wenn die Frucht mit etwas Fett geschmort wird.
Das wichtige Silizium für Haut und Haare sitzt in der Schale, die man bei Tomaten aus Bio- oder Eigenanbau beruhigt mitessen kann (Gift- und Schadstoffe sitzen auf der „Haut").

Die grünen, unreifen Teile der Tomate enthalten den Stoff „Solanin", der gesundheitsschädlich ist. Es gibt aber auch grüne Tomatensorten, die bei Reife grünlich bleiben und essbar sind.

Ein Garten voller Tomaten

Um 1960 herum wurden Tomaten in unseren Gärten kultiviert. Manchmal so massenhaft, dass es eine Tomatenschwämme gab. Neben einigen absichtlich gesetzten Pflanzen, säten sich zusätzlich viele weitere von selbst aus. Wie das?
Die Frucht wurde gegessen und die Samen gelangten unverdaut in die Jauchegrube. Die Jauche wiederum kam als wertvoller Dünger in den Nutzgarten. So gelangten die „duftenden" Tomatensamen in die Beete und keimten.
Daraufhin gab es im Sommer Tomaten im Überfluss.
Es hält sich das hartnäckige Gerücht, dass die Jungs im Dorf im Herbst regelrechte Tomatenschlachten gemacht hätten.

Pause mit Tomatenbrot

Nach getaner Arbeit ist es eine Freude, eine Handvoll reifer Tomaten und eine Zwiebel zu ernten und sich daraus mit Brot, Butter, Salz und Pfeffer ein leckeres Abendessen zu bereiten.
Auf eine Scheibe Roggenvollkornbrot streicht man „gute Butter" und darauf werden die Tomaten in Scheiben gelegt. Nicht mehr so dünn wie früher, heute können wir Tomaten ruhig etwas dicker genießen. Gut mit Pfeffer und Salz würzen und mit Zwiebelringen belegen. Man muss nur aufpassen, dass man nicht zuviel davon isst, denn diese Butter-Tomaten-Brote schmecken unbeschreiblich.
Wir Kinder balancierten gerne die ganze große Brotschnitte auf der Hand und bissen davon ab. Hierbei mussten wir höllisch aufpassen, dass keine Tomatenscheibe abrutschte.

Blumenkohl *Brassica oleracea var. Botrytis*

In der Kohlfamilie gehört der Blumenkohl zu den „Frühreifen", denn im Gegensatz zu seinen Verwandten, reift er bereits im Sommer heran.

  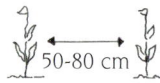

Die Aussaat erfolgt im Frühbeet ab Ende Februar, im Freiland ab April.
Er freut sich über ein gut vorbereitetes, nahrhaftes Pflanzbeet und bedankt sich für weitere Kompostgaben, häufiges Hacken, reichliches Wässern und eine Mulchschicht mit einem dicken weißen Kopf. Im Hausgarten wird er jedoch nicht ganz so üppig, wie seine stärker gedüngten käuflichen Verwandten.
Zwei bis drei Blätter werden als Sonnenschutz umgeknickt, um die „Blüte" zu beschatten und schön weiß zu erhalten, da sie sonst bräunlich und unansehnlich wird.

Exotisch-erotische Blumenkohlsuppe

1 kleine Beinscheibe vom Rind
1 Blumenkohl
2 EL Butter
3 EL Mehl
Salz, Pfeffer, Zucker, Cayennepfeffer
1/8 l süße Sahne
4 hart gekochte Eier
100 g Krabbenfleisch
Schnittlauch

Die Beinscheibe ca. eine Stunde in Salzwasser auskochen und die Brühe durchsieben. Den Blumenkohl säubern, waschen, in große Röschen teilen und zusammen mit dem Strunk 20 Minuten in der Brühe kochen. Die Hälfte der Röschen warm stellen und die andere Hälfte pürieren.
Butter im Topf zerlassen, Mehl darin anschwitzen, Brühe dazugießen und unter Rühren aufkochen. Das Püree dazugeben, mit Salz, Pfeffer, eine Prise Cayennepfeffer, einer Prise Zucker würzen, abschmecken und anschließend mit süßer Sahne verfeinern.
Zum Schluss die gehackten Eier und das Krabbenfleisch hinzugeben. Die Blumenkohlröschen auf 4 Teller verteilen, die Suppe darüber gießen und mit viel Schnittlauchröllchen servieren.

Die Kohlfamilie s. Herbst

Blumenkohl ist bei hohem Nährstoffgehalt sehr kalorienarm, d.h. er macht satt und schlank. Er eignet sich als Babykost ebenso wie als Krankenspeise.

Gekochter Blumenkohl mit Paniermehlüberzug

Den Blumenkohl gut säubern und waschen und anschließend in Salzwasser 15-20 Minuten garen.
80 g Paniermehl in 80 g Butter leicht bräunen und über den Blumenkohl gießen und servieren.

Blumenkohl in Holländischer Sauce

Meine Mutter wollte ein neues Rezept ausprobieren, es sollte „Blumenkohl in holländischer Sauce" geben. Wie das so ist auf einem Hof, fürs Kochen war nicht viel Zeit und es musste schnell gehen. Mehrere kleine Blumenkohlköpfchen wurden aus dem Garten geholt, die Röschen geputzt und ins kochende Wasser gegeben. Während auch die Salzkartoffeln kochten, wagte sie sich an die holländische Sauce. Sie gelang wunderbar, sah cremig aus und schmeckte vorzüglich. Doch nachdem die Familie am Tisch Platz genommen hatte und alles auf dem Tisch stand, hatte die Sauce ihren schönen Anblick verloren. Sie war ganz flockig geworden, weil sie versehentlich auf der heißen Herdplatte nochmals aufgekocht war. Mutter ließ sich nichts anmerken und alle aßen das neue Rezept mit Genuss. Wir Kinder liebten dieses Gericht und es wurde von nun an öfter gekocht.

Als ich später selbst einmal holländische Sauce zubereitete, vermisste ich die Flocken und fragte mich, wie meine Mutter diese immer so schön hinbekommen hatte.

Der Kinder-Garten

Für Kinder ist ein Garten ein großes Erlebnis und Abenteuer. Sie lernen spielerisch die Zusammenhänge und den Kreislauf der Natur kennen und freuen sich über selbst gezogenes und geerntetes Obst und Gemüse.

Der Regenwurm

Ich kenne einen Regenwurm, der wohnt in meinem Garten,
und wenn du ihn mal sehen willst, dann musst du lange warten.

Er gräbt sich in den Boden ein und kommt nur selten raus.
Er weiß, wenn ihn die Drossel kriegt, dann ist es mit ihm aus.

Sein Haus ist eng und meterlang, hat hundertfünfzig Gänge.
Er baut es nicht nach oben raus, er baut es in die Länge.

Er macht sich nichts aus Sonnenschein und nichts auf Rosenduft
Er bleibt tief in der Erde drin, sorgt da für frische Luft.

Ich mag ihn, meinen Regenwurm und grab ich ihn mal aus,
dann sag ich: „Ach entschuldige" und schick ihn schnell nach Haus.

Ich wünsch mir, dass mein Regenwurm noch viele Kinder hat.
Mein Garten, der ist groß genug, da werden alle satt.

Erna Rodewald

Hallo, ich bin Knolli. Ich gehöre zur Kartoffel-Familie. Wenn du Lust hast, führ ich dich durch den Gemüsegarten und zeige dir, wie du selbst im Garten etwas anbauen kannst. Außerdem habe ich viele Ideen, wie man sich im Garten die Zeit vertreiben kann.

Ich hoffe, bei euch Zuhause ist ein bisschen Wiese zum Spielen und Toben. Wenn ihr noch etwas mehr Platz oder sogar einen Gemüsegarten habt, dann kannst du ein eigenes Beet anlegen. Gemüse und Früchte schmecken ziemlich gut, wenn sie im eigenen Garten wachsen. Am besten sind die Sachen, die man direkt verputzen kann, wie z.B. Erdbeeren oder Erbsen.

Wenn du ein eigenes Beet anlegen willst, frag deine Eltern nach einem sonnigen Platz und stecke das Stück mit Holzstöcken ab. Es sollte erstmal nicht größer sein, als du es vom Rand aus bearbeiten kannst, also doppelt so breit wie deine Arme lang sind. Dann kannst du von beiden Seiten bis zur Mitte greifen. Es ist nämlich nicht gut, wenn man mit den Füßen zwischen die Pflanzen tritt. Der Boden wird zusammengedrückt und die Pflanzen wachsen nicht so gut.

Dann brauchst du geeignete Kleidung und handliches Werkzeug. Nützlich ist eine Schubkarre in deiner Größe, ein paar Gummistiefel und Arbeitshandschuhe, dazu Rechen, Hacke, Schaufel und Gießkanne.

Zuerst wird der Boden vorbereitet. Lass dir ruhig von den Erwachsenen helfen, denn es ist eine schwere Arbeit. Der Boden muss frei von Gras und Unkraut sein, auch Steine müssen rausgesammelt werden. Dann wird die Erde umgegraben und aufgehackt, damit sie locker ist und die Pflanzen ihre Wurzeln ausbreiten können. In festgestampftem Boden geht das nicht.

Jetzt musst du dich entscheiden, welche Gemüse du säen oder pflanzen möchtest. Ein paar Vorschläge von mir: Radieschen, Erbsen, Tomaten, Möhren, Kohlrabi. Hast du weitere Lieblingsgemüse, die du noch anbauen möchtest? Auf keinen Fall sollten Erdbeeren und eine Sonnenblume fehlen.

Knollis Garten

Wenn man Gemüse in einer Reihe sät, kann man es nachher besser vom Unkraut unterscheiden. Am Anfang, wenn die ersten kleinen Blättchen aus der Erde kommen, sehen alle Pflanzen ziemlich ähnlich aus. Unkraut wächst von alleine und man muss es immer wieder auszupfen, damit es dem Gemüse nicht die Nährstoffe und das Wasser wegnimmt. Wenn du unsicher bist, frag lieber nach, ob es wirklich Unkraut ist. Mit der Zeit lernst du, das Unkraut zu erkennen und kannst es vom Gemüse unterscheiden.
Gemüse mag keine Konkurrenz und hat gerne offenen Boden. Deshalb ist es wichtig, immer wieder das Unkraut zu entfernen und das Erdreich um die Pflanzen herum aufzuhacken.

Radieschen wachsen ziemlich schnell und sie schmecken sehr lecker. Du kannst sie schon im März säen. Vielleicht kaufst du eine Tüte Radieschensamen oder fragst Mama oder Oma, ob sie dir etwas abgeben. Dann machst du eine kleine Rille in den lockeren Gartenboden, streust die Samenkörner vorsichtig hinein und deckst sie wieder mit Erde zu. An den Anfang der Radieschen-Reihe kannst du einen schönen Stein legen, auf den du mit wasserfestem Stift „Radieschen" schreibst. Möhren werden genauso gesät wie Radieschen und bekommen einen „Möhren-Stein".

Wenn du Erbsen säen möchtest, solltest du die Erbsensamen vorher eine Nacht in etwas Wasser einweichen, dann keimen sie im Garten schneller. Leg sie auch in eine Erdrille und decke sie wieder zu. Wenn die Erbsen etwa 10 cm hoch sind, schiebst du vorsichtig von beiden Seiten etwas Erde zu den Pflanzenstängeln, das nennt man anhäufeln. Dann holst du mit Papa oder Mama einige verzweigte Äste aus dem Wald und steckst sie neben den kleinen Erbsenpflanzen in den Boden. Das ist die Kletterhilfe für die Pflanze.

Am Anfang, besonders wenn trockenes Wetter ist, musst du die Samenreihe mit der Gießkanne gießen, damit die Samenkörner keimen können. Doch gieße nicht zu viel Wasser auf einmal, sonst können die Samenkörner wegschwimmen. Zuerst bilden sich dann die Keimblätter und anschließend beginnt die Pflanze zu wachsen.

Kohlrabipflänzchen kannst du im Frühjahr in der Gärtnerei kaufen und in deinen Garten pflanzen. Du kannst sie aber auch selber aus Samen wachsen lassen. Dazu legst du den Kohlrabisamen im Februar oder März in ein kleines Töpfchen mit Erde. Das Töpfchen muss jetzt warm stehen und feucht gehalten werden. Am besten geht das im Gewächshaus oder auf einer hellen, warmen Fensterbank. Wenn die kleine Kohlrabipflanze vier Blätter hat, kannst du sie schon in dein Beet pflanzen. Kohlrabi brauchen sehr nahrhaften Boden, z.B. mit Komposterde.

Tomaten sind sehr lecker. Besonders die kleinen Kirschtomaten schmecken richtig süß und aromatisch. Du kannst sie auch selbst anbauen, sie sind allerdings etwas empfindlich. Sie brauchen einen warmen Platz und mögen keinen Regen. Am besten nimmst du eine Buschtomate und pflanzt sie in einen großen Topf. Buschtomaten sind nicht so wasserscheu wie Stabtomaten. Tomaten dürfen erst ab Mitte Mai nach draußen. Vorher gibt es manchmal nachts noch Frost und den vertragen Tomaten nicht.
Tomaten werden nicht direkt ins Beet oder den Topf gesät, sondern im warmen Haus in kleinen Töpfen ausgesät und dort gepäppelt, bis sie groß genug sind und die Zeit gekommen ist, um sie nach draußen zu pflanzen. Die Blätter der Tomatenpflanze vertreiben Insekten. Du kannst also einen Topf an den Sandkasten stellen und dort ungestört spielen; oder vor dein Schlafzimmerfenster, dann hast du nachts Ruhe und morgens keine juckenden Stiche.

Wenn du gerne Salat magst, dann kannst du auch Jungpflanzen beim Gärtner kaufen oder auf der Fensterbank die Samen in kleine Töpfchen säen und später in dein Beet pflanzen. Aus Salatblättern, Gänseblümchen und Löwenzahnblüten lässt sich ein leckeres Gericht zubereiten. Aber Achtung, Schnecken lieben junge Salatpflanzen!

Schnecken mögen sehr gerne junge Gemüsepflanzen. Wenn es in eurem Garten viele Schneckenjäger gibt, z. B. Igel, Hühner oder sogar Laufenten, dann habt ihr weniger Ärger mit den schleimigen Kriechern.

Knollis Garten

Vielleicht magst du ja auch gerne Kartoffeln. Dann kannst du ab April ein paar meiner knolligen Verwandten in der Erde verstecken. Alle Gemüse, die unter der Erde wachsen, brauchen besonders lockeren Boden, also grab hier die Erde noch etwas tiefer um. Im Herbst erntest du dann deine eigenen Kartoffeln. Es gibt übrigens auch Kartoffeln, die rötliches, blaues oder violettes Fruchtfleisch haben.

Um Erdbeeren zu ernten, brauchst du zuerst ein paar Jungpflanzen. Die Erdbeersorten mit kleinen Früchten tragen schon im ersten Jahr Früchte, die sind ziemlich lecker. Die großen Erdbeeren schmecken auch sehr gut. Aber oft tragen die Sträucher erst im zweiten Jahr Früchte. Frag deine Eltern, Freunde oder Nachbarn mit einem Garten nach Erdbeerpflanzen oder besorge sie dir auf einer Pflanzentauschbörse.

Bitte denk daran: alle Pflanzen brauchen Wasser, damit sie wachsen können. Es darf nicht zuviel sein, sonst faulen sie oder werden krank; aber der Boden darf auch nicht austrocknen, sonst gehen die Pflanzen ein.

Am Rand von deinem kleinen Gärtchen könnten ein paar schöne bunte Blumen blühen. Eine Sonnenblume darf natürlich nicht fehlen. Wegen der Schnecken solltest du sie auf der Fensterbank vorziehen und dann, wenn sie kräftig ist, in dein Beet pflanzen und noch ein Weilchen vor den Schnecken bewachen.
Du kannst auch andere Sommerblumen um dein Beet herum säen. Was hältst du von Ringelblumen und Löwenmäulchen? Am Ende des Sommers erntest du den Samen von den Blumen und trocknest ihn. Wenn du Lust hast, bastele dir kleine Tütchen, male sie bunt an und lege ein paar getrocknete Blumensamen hinein. Dann hast du schöne selbst gemachte Geschenke. Der Samen wird im nächsten Jahr ausgesät.

Es ist für mich immer wieder ein kleines Wunder, wie aus so einem winzigen Samenkorn mit etwas Erde und Wasser riesige Pflanzen entstehen können mit vielen leckeren Früchten dran.

Im Garten ist alles ein großer Kreislauf. Zuerst wird etwas gesät, es wächst heran, Teile davon werden gegessen und der Rest kommt auf den Kompost und verrottet, wird also wieder zu Erde. Diese Erde enthält jetzt viele Nährstoffe, aus ihr wachsen im nächsten Jahr wieder neue Pflanzen und so geht es immer weiter, Jahr für Jahr.

Wenn man einen umweltfreundlichen Garten hat, dann leben dort viele nützliche Tiere. Regenwürmer lockern die Erde auf, Igel gehen nachts auf Schneckenjagd und Vögel bauen ihre Nester. Wenn du gerne Tiere beobachtest, ist so ein Garten der ideale Ort für dich. Leg dich einfach mal still ins Gras und höre den Vögeln zu. Vielleicht verstehst du ja, was sie zwitschern.

Um noch mehr Tiere in den Garten zu locken, kannst du ihnen kleine „Wohnungen" bauen, z.B. für Wildbienen. Dafür bestäuben sie dann deine Pflanzen.
Ohrwürmer sind auch sehr nützlich. Sie wohnen gerne in Blumentöpfen die kopfüber hängen und mit Stroh gefüllt sind und sie fressen die Blattläuse, die an deinen Pflanzen saugen.
Vögel picken viele Gemüseschädlinge auf und füttern damit ihre Jungen. Wenn du ihnen ein paar Nistkästen aufhängst, bleiben sie den ganzen Sommer in deinem Garten.

Auch Fledermäuse kannst du beobachten. Sie schlafen tagsüber und fliegen erst abends aus. Dann jagen sie Nachtfalter und Stechmücken.
Die Tiere sind froh, wenn du sie in deinen Garten einlädst, denn es gibt zu wenig Stellen, an denen sie Nahrung und Unterschlupf finden.

Zeitvertreib

Wenn dir die Zeit zu lang wird, bis die Radieschen reif sind, dann bau doch eine Vogelscheuche! Es macht wirklich Spaß und wenn du Glück hast, vertreibt sie sogar die Vögel, die deine Erdbeeren stibitzen wollen. Du brauchst Stöcke, Stroh, alte Kleidung und etwas Phantasie. Frag mal deine Eltern, ob sie schon mal eine Vogelscheuche gebaut haben.

Um deinen Garten herum kannst du einen kleinen Zaun aus Stöcken und Ästen bauen, damit jeder sieht, wo dein Revier ist. Stecke etwas dickere Stöcke im Abstand von ca. 20 cm in die Erde und dann schlängele weichere dünne Äste zwischen die Stöcke. Mach den Zaun nicht so hoch, sonst nimmt er den Pflanzen die Sonne weg und schau unter dem Zaun jeden Abend nach Schnecken. Sie verstecken sich tagsüber an schattigen und dunklen Orten, bevor sie sich abends ans Gemüse ranschleimen.

Vielleicht haben deine Geschwister oder Freunde Lust, kleine Wettbewerbe mitzumachen, z. B. wer hat die höchste Sonnenblume oder den dicksten Kürbis? Da seid ihr den ganzen Sommer mit messen beschäftigt und habt eine Menge Spaß.

Auch ein Windrad sieht nett aus, wenn es sich dreht. Du kannst es selber bauen.

An einer anderen Stelle im Garten könntest du ein Bohnenzelt bauen. Dazu brauchst du einige Bohnenstangen, die in einem großen Kreis in die Erde gesteckt und mit den Spitzen zusammengebunden werden. Ab Mitte Mai legst du um jede Stange in den aufgelockerten Boden - du weißt ja wie das geht - nicht allzu tief einige Bohnenkerne. Auch diese musst du wieder gut gießen oder auch vorquellen, wie die Erbsen. So ein Bohnenzelt ist toll zum Spielen und Verstecken. Aber Vorsicht: die rohen Bohnen sind giftig. Die darfst du nicht naschen, wie die anderen Gemüse in deinem Beet!

Wenn du gerne Bohnen magst, ob als Salat oder Eintopf, dann bitte deine Eltern oder Großeltern sie für dich zu kochen. Dann kannst du so richtig reinhauen. Guten Appetit!

Vor giftigen Pflanzen musst du keine Angst haben. Wenn du die Pflanzen kennst und genau unterscheiden kannst ist es viel ungefährlicher, als wenn du nicht Bescheid weißt und vielleicht etwas aus Unwissenheit isst.
In jedem Garten und Park und an Straßen wachsen Pflanzen, die für uns Menschen giftig sind. Die meisten Tiere können sie vertragen. Lass dir erklären, was giftig ist und was nicht, dann fühlst du dich sicherer.
Übrigens, bei meinen Verwandten, den Kartoffeln, sind die grünen Stellen an der Knolle und auch die kugeligen Früchte an den Kartoffelsträuchern giftig. Am besten isst du nur die geschälte Knolle!

Vielleicht hast du auch Lust, eine kleine Natursteinmauer zu bauen. Dafür brauchst du flache Steinplatten, die werden abwechselnd mit etwas Erde zu einer Mauer aufgestapelt. Damit es nicht zu wackelig wird, sollte dir ein Erwachsener behilflich sein. Steinmauern speichern die Sonnenwärme und geben sie nachts an die Pflanzen ab, außerdem eignen sie sich als Wohnort für Eidechsen.

Wie du siehst, steckt so ein Garten voller Abenteuer und Erlebnisse. Aber er ist auch ein Ort zum Ausruhen und Genießen. Das solltest du vor lauter Arbeit nicht vergessen! Leg dich doch einfach mal auf den Rasen und beobachte die Vögel, Wolken und Pflanzen um dich herum. Dabei kannst du deine eigenen Möhren oder Radieschen knabbern und total entspannen.

Wenn du jetzt so richtig Spaß an deinem eigenen Gemüsegarten gefunden hast, dann kannst du im nächsten Jahr noch dein eigenes Kräuterbeet anlegen und dir zu den frischen Pellkartoffeln deinen selbst gemachten Kräuterquark anrühren!

Nach einem schönen Tag im Garten bist du wahrscheinlich glücklich und müde und kannst sehr gut schlafen. Tschüss!
Viele Grüße, Knolli

Herbst

Ein Spruch aus alter Zeit:

Lamberti (17.9.) nimm die Kartoffeln raus, doch breite ihr Laub auf dem Felde aus, der Boden will für seine Gaben doch das Gerippe wieder haben.

Früher wurde das Kartoffellaub nach der Ernte auf dem Feld ausgebreitet. Die Laubdecke schützte den Boden im Winter und machte die Erde feinkrümelig. Heute darf man das Kartoffellaub nicht mehr liegen lassen, da sich die Pilzkrankheit „Phytophtera" (Kraut- und Knollenfäule) über die Kartoffelblätter im Boden ansiedelt.

September

Der Garten bietet eine überreiche Ernte an. Wer Wintervorräte anlegen möchte, hat nun alle Hände voll zu tun. Gemüse wird eingefroren und eingekocht, Obst zu Marmelade verarbeitet, das Fass mit Weißkohl gefüllt und evtl. Früchte getrocknet.

Gemeinsam mit Freunden werden neue Rezepte für Mixed pickles oder Chutneys gekostet und ausgetauscht.

Im Gartentagebuch können jetzt auch Ernteerträge und Ideen für das nächste Frühjahr notiert werden. So wird nichts vergessen und es macht immer wieder Spaß, darin nachzulesen.

An Maria Geburt (8.) fliegen die Schwalben furt.

Möhren Seite 70

Oktober

Der Herbst ist da mit seiner goldenen Überschwänglichkeit. Die Oktobersonne gibt noch einmal ihr bestes, um Garten und Gärtner aufzuwärmen. Sie gibt den Früchten Süße und den Äpfeln rote Bäckchen. Das letzte Gemüse speichert all seine Kraft für den Winter. Spätestens jetzt sollten Sie die letzten Kartoffeln ernten.

Unreife Tomaten und empfindliche Sommerblumen werden in kalten Nächten vorsichtshalber mit Tüchern abgedeckt. Bevor es kräftig friert, werden die letzten grünen Tomaten ins Haus geholt, damit sie zwischen Zeitungspapier nachreifen können.
Gemüse, wie z.B. Möhren und Rote Bete können in feuchtem Sand oder einem Erdkeller gelagert werden. Diese Gemüse garantieren auch im Winter eine gute Versorgung mit Vitaminen, da sie lange frisch bleiben.
Auf den abgeernteten Beeten wird Mist, grobes Laub und Kompost verteilt.

Besuchen Sie regionale Kürbis-, Kartoffel- oder Apfelfeste. Hier treffen sie viele gleich gesinnte Gartenfreunde zum Fachsimpeln.

Nichts kann mehr vor Raupen schützen, als Oktobereis in Pfützen.

November

Wasserfässer und Regentonnen werden geleert und auf den Kopf gestellt. Kübel, Töpfe, Eimer und Gießkannen kommen an einen frostfreien Ort, damit der Frost sie nicht beschädigt. Gartengeräte werden gereinigt und wetterfest untergestellt.

Auf den Beeten wird Laub verteilt, so erreicht man eine gute Bodengare. Im Frühjahr, wenn das Laub entfernt wird, kann sofort gesät werden, denn der Boden ist locker, ohne zu graben. Umgraben ist nur erforderlich wenn der Boden sehr verhärtet ist.

Hühnerbesitzer lassen das Federvieh jetzt frei im Garten umherspazieren, denn es macht sich über die letzten Schnecken, aber besonders über die Schneckeneier her.

Decken Sie Gemüse, die Sie im Winter ernten wollen, wie z.B. Feldsalat, mit etwas Fichtenreisig ab. Das erleichtert die Ernte bei einer dünnen Schneedecke.

Andreasschnee (30.) tut den Saaten weh.

Möhrenreihen soweit das Auge reicht!
Ein Hase um die Rüben schleicht,
möcht' naschen an der Vitamine Grün,
sie noch lieber aus dem Boden zieh'n.
Dick und saftig lockt das Gemüse,
voller Kraft und Süße.

Häschen gräbt und kratzt,
malt sich aus wie es gleich schmatzt.
Doch die Möhre sitzt tief und fest,
raus schaut nur ein kleiner Rest.
Mit diesem muss er sich begnügen
will er nicht das Feld umpflügen!

Möhre, Karotte *Daucus carota ssp. Sativus*, bergisch: „Muuhren"

Gegen Ende des 16. Jahrhunderts kam das Wurzelgemüse aus Italien und Frankreich nach Deutschland. Es gab seinerzeit viele verschiedene Farben und Formen. Nachdem jahrelang nur die orange Möhre in Mode war, findet man inzwischen auch wieder gelbe, weiße oder lila Möhren in den Beeten experimentierfreudiger Gärtner.

Die Möhre ist eines unserer meist geliebten Gemüse! Als zweijähriger Doldenblütler bildet sie im ersten Jahr ihre schmackhafte Wurzel, aus der im zweiten Jahr die Blüten wachsen.

   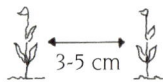

Möhren brauchen einen lockeren, feinkrümeligen Boden. Da die Saat sehr langsam keimt, werden die Reihen durch untergemischte Radieschen- oder Salatsamen gekennzeichnet. Um wohlgeformte Möhren zu erhalten, müssen zu dicht gesäte Pflänzchen heraus gezupft werden. Sobald die süßen Wurzeln finderdick sind, können sie bereits roh genascht oder in der Küche verwendet werden.
Im Herbst werden die Möhren für den Wintervorrat geerntet und eingelagert. Dazu steckt man die ungewaschenen Möhren in feuchtem Sand in einem luftigen Keller. Je kühler der Keller, desto länger halten sich die Wurzeln.

Kosmetik:
Möhrenmaske (nicht nur) für Teenies mit unreiner Haut:

100 g Möhren,
2 EL fetten Quark,
1 EL Apfelessig

Die sehr fein geraspelten Möhren mit Quark und Essig verrühren, mit leicht kreisenden Bewegungen ins Gesicht massieren und 10 – 15 Minuten ruhen. Danach mit lauwarmem Wasser abwaschen und eincremen. Eine Wohltat für die Haut.

Karottenbrei fürs Baby ab 4. Monat

100 g junge Möhren
1 TL Weizenkeimöl
etwas Wasser

Die geputzten, geraspelten Möhren im kleinen Topf mit Öl und Wasser leicht köcheln, bis ein weicher Brei entsteht. Am Anfang bekommt das Baby nur einen Löffel voll.

Die erste feste Nahrung für uns Menschenkinder ist fast immer der mineralstoff- und vitaminreiche Möhrenbrei, da er leicht bekömmlich und gesund ist. Besonders wichtig ist das Beta-Carotin, es wird im Körper mit Hilfe von Fett in Vitamin A umgebaut und damit zum Hautschutzvitamin und einem wichtigen Bestandteil des Sehpurpurs der Augen. Aufgrund ihres hohen Ballaststoffgehaltes fördern Möhren eine schnelle Ausscheidung von Schadstoffen und Parasiten.

Muntermacher

Mit dem Pürierstab verrühren und im Glas servieren.

*100 ml Möhrensaft,
50 ml Apfelreinsaft,
1 kl. Banane,
1 EL Zitronensaft,
1 EL Schmelzflocken,
1 TL Honig.*

Kellermöhren

Wenn es im Frühjahr langsam grünte, war es an der Zeit, das Gemüselager im Keller auszuräumen. Die Möhren, die hier über Winter im Sand gelagert worden waren, fingen oft schon an zu wachsen.
Das Ausräumen war Kindersache; mit den alten Möhren brachten wir auch die letzten schrumpligen Äpfel in die Küche. Dort wurde alles gewaschen und geschält. Die ganze Familie war dabei in Aktion.
Vater holte die große ‚moderne' Küchenmaschine mit Reibe, um alles zu zerkleinern. Mutter vermischte die geriebenen Äpfel und Möhren und würzte sie ein wenig. Wir stürzten uns auf die leckere Frischkost, aber schon beim zweiten Teller mussten wir stopfen. Vater meinte nur: „Esst Kinder, Möhren sind sehr gesund", denn es durfte nichts verkommen.
Wir futterten uns durch die Berge von Möhren-Apfelsalat bis wir kugelrund waren. Danach konnte die ganze Familie dann lange keine Möhren mehr sehen. Naja, bis zur neuen Ernte dauerte es – Gott sei Dank - noch einige Monate.

*Rote Bete, auch „Karooten" hier genannt,
sind doch allen wohl bekannt.
Das Rote Gemüse kam in den Heringssalat,
doch schmeckte es damals oft fad.*

Rote Bete *Beta vulgaris var. conditivi*

Rote Bete gehören zur gleichen Familie wie Mangold und Melde und kamen mit den Römern ins Rheinland.

  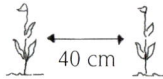

Ab Mitte April wird die Rote Bete in Reihen ins Freiland gesät. Hacken, Unkraut jäten und wässern bekommt ihr sehr gut und sie dankt es mit gutem Wachstum.

Tipp
Rote Bete ist das einzige Gemüse, dass durch Lagerung besser wird.

Ebenso wie Spargel, ist Rote Bete außergewöhnlich reich an Folsäure, einem B-Vitamin, dass eine gesunde Zellteilung und Gewebewachstum bewirkt. Andere Vitalstoffe verhelfen uns zu glänzenden Haaren, festen Nägeln und einer intakten Haut. Der Reichtum an Kalium bewirkt eine Entwässerung und Entsäuerung des Körpers.

Tipp
Aus Rote Bete wird ein sehr hautverträgliches Putzmittel hergestellt.

Blättersuppe von Rote Bete

Blätter, Zwiebel, Knoblauch und Ingwer in Öl andünsten, mit Brühe auffüllen und ca. 5 Minuten köcheln lassen. Bei Bedarf pürieren. Gewürze nach Geschmack zugeben und mit Sahne verfeinern oder mit Dinkelmehl abbinden.

Tipp
Servieren Sie niemals Rote Bete, wenn bei Feierlichkeiten alle Gäste ihre guten weißen Hemden und Blusen tragen!

Verjüngungskur mit Roter Bete

2 Möhren, 1 Rote Bete und 1 Apfel entsaften, 10 Tage lang jeden morgen ein Glas von diesem Saft auf nüchternen Magen trinken.

4 Handvoll Rote Bete Blätter, zerkleinert
1 Liter Gemüse- oder Fleischbrühe
1 gehackte Zwiebel,
1 gehackte Knoblauchzehe,
2 EL Öl
4 cm Ingwerwurzel, fein geraspelt
Salz, Pfeffer, gem. Nelken, Kardamom, Zimt
2 EL Dinkelmehl
evtl. 1 Portion Sahne

Kompost oder Kochtopf?

Meine Mutter kümmerte sich in den 1970er Jahren um Flüchtlinge, besonders eine Großfamilie aus Sri Lanka lag ihr am Herzen. Ende August lud sie die Frauen und Kinder ein und nach dem Essen gab es eine Führung durch den großen Garten. In Englisch und Deutsch, mit Händen und Füßen, wurde erzählt und freudig begutachtet, was die Mutti, wie sie liebevoll genannt wurde, so in ihrem Garten hatte. Bei den Möhren und den Roten Beten angekommen, zog meine Mutter flott von jedem Gemüse großzügig etwas heraus. Ganz nach ihrer Art drehte sie jeweils das Grün ab, schmiss es auf den Komposthaufen und schenkte den Frauen die Ernte. Doch statt der erwarteten Freude erkannte sie Erstaunen und leichtes Entsetzten in den Gesichtern ihrer Gäste. Meine Mutter verstand die Welt nicht mehr! Bis endlich eine der Frauen, die schon relativ gut Deutsch sprach, erklärte, dass es Verschwendung sei, die schönen Blätter wegzuwerfen, da sie gekocht noch eine sehr leckere und gesunde Suppe ergäben. Meine Mutter verschenkte daraufhin kurzerhand auch das Grün. Selbst kochte sie aber nie eine solche Suppe. Erst 20 Jahre später, als mir diese Geschichte wieder einfiel, habe ich „Blättersuppe" gekocht. Möhrengrünsuppe ist ein Gedicht. Rote Bete-Blättersuppe schmeckt auch sehr lecker, ein wenig wie Mangold, sie verlangt allerdings nach ein paar kräftigen Gewürzen.

Der rote Farbstoff wird vom Stoffwechsel kaum verarbeitet und färbt das Pipi rötlich!

Sellerie *Apium graveolens var. rapaceum*

Im Mittelalter kam der Knollensellerie als Kulturgemüse zu uns. Bis dahin war er in Europa nur als heimische Wildpflanze bekannt. Wer weiß, ob er damals schon genutzt wurde?

  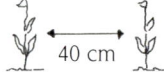

Sellerie kann ab Februar/März im Gewächshaus vorgezogen werden. Im Mai/Juni werden die Jungpflanzen in Reihen ausgepflanzt, jedoch nicht zu tief, sonst bilden sie keine kräftige Knolle aus. Die Pflanzen wollen bei Trockenheit gut gewässert werden.
Lagerfähig sind die Knollen, wenn sich die äußeren Blätter gelb verfärben. Die ungewaschenen Knollen werden im luftigen Keller in feuchtem Sand eingelagert.
Sellerie muss man mögen, auch sein Geruch ist manchen Menschen unangenehm. Roh schmeckt die Knolle leicht scharf, gekocht ist sie mild und aromatisch und bringt das typische Suppenaroma an unsere Eintöpfe. Im Sommer ernten wir nur die Blätter, schon ab Ende August kann man die Knollen verwenden.

Tipp
Selleriestücke bleiben in Wasser mit Zitronensaft hell.

Gesundheitlich ist er, außer für Nierenkranke, für jeden sehr zu empfehlen. Die beste Wirkung hat der rohe Sellerie als frisch gepresster Saft von Knolle, Stängeln und Blättern. Aufgrund des hohen Anteils ätherischer Öle, die er eigentlich zum eigenen Schutz gegen Bakterien und Pilze entwickelt, wirkt er auch bei uns Menschen besonders im Mund, Magen und Darm gegen diese.
Ein Tee aus Sellerieblättern lindert Magenschmerzen und ist wassertreibend. Dies hilft wiederum Diabetikern und Gichtkranken.

Tipp
Die frischen jungen Blätter eignen sich als Suppengrün, die Knolle zur Würze und als Salat ... und die Samen?

Sellerie war schon bei den alten Griechen als Aphrodisiakum für Männer und Frauen bekannt. Im Mittelalter gab es allerlei außergewöhnliche und geheimnisvolle Rezepte. Ein Einfaches lautet: In 1 kg Brotteig gebe man 1 Handvoll zerstoßene Selleriesamen und esse es gemeinsam mit seinem Liebsten.

Sellerie - wie Braten zubereitet

Die Sellerieknolle säubern, schälen und in eine feuerfeste Form geben. Alle anderen Zutaten mischen und über die Sellerieknolle gießen. Mit einem Deckel verschließen und im vorgeheizten Backofen 1 ½ Stunden bei 200 Grad schmoren lassen. Danach die Sauce gut verrühren und mit etwas Speisestärke binden.

1 ganze Sellerieknolle (nicht zu dick, da sie sonst zu lange garen muss!)
1 l Kokosmilch
1 Handvoll Backpflaumen
1 EL Honig
etwas Gemüsebrühe
1 Lorbeerblatt
1 Stück frisch gehackten Ingwer
etwas Kardamom
Salz, Pfeffer
etwas Speisestärke

Suppengewürz

Blätter und Knolle der Sellerie werden zusammen mit Möhrenscheiben, Petersilienwurzel und Porreeringen getrocknet. Dies geschieht am besten bei milder Wärme in einem Trockenschrank oder im Backofen bis ca. 50° C. Ist das Gemüse knackig trocken, so wird es in ein Schraubglas gegeben und luftdicht verschlossen. Es hält sich ein ganzes Jahr.

Das folgende Rezept zeigt, dass die alten Gemüse auch in „neuzeitlichen" Rezepten zu einem wunderbaren Genuss werden können.

Die Leibspeise

Mein Bruder liebte Selleriesalat. Die gekochte Knolle wurde gewürfelt und mit einer Sauce aus Sahne, Gewürzen und Essig angerichtet. Er aß davon immer eine große Portion und nahm auch noch gerne einen Nachschlag. Ich mochte dieses Gemüse überhaupt nicht! Dabei störte mich weniger der Geschmack, als vielmehr die Tatsache, dass mir die Speise noch stundenlang aufstieß und mir die ätherischen Öle in die Nase stiegen. Genau das war es aber, was meinem Bruder gefiel. Durch das Aufstoßen hatte er länger etwas von seinem heiß geliebten Selleriesalat.

Schwarzwurzel *Scorzonera hispanica*

„Sparjel für ärm Lück"
Dunkle Stangen aus der Erde gegraben
will Vater heut zu Mittag haben.
Sie sind nicht jedem mehr bekannt,
Schwarzwurzeln werden sie genannt.
Mutter weiß, woher der Name stammt,
betrachtet sie ihre schwarze, klebrige Hand.

Dieses Gemüse erhielt seinen Namen nach der schwarzbraunen Wurzel. Im Innern ist sie weiß und enthält einen klebrigen, weißen Milchsaft. Unsere Kulturform stammt aus dem Mittelmeerraum und ist hier erst seit dem 18. Jahrhundert bekannt. In Europa gibt es mehrere Wildarten, in unserer Gegend kennt man sie nur aus dem Garten.

Die Bodenansprüche der Schwarzwurzel sind sehr hoch. Im März/April wird sie direkt in Reihen ausgesät. Die Jungpflanzen müssen vereinzelt werden, um dicke Wurzeln ernten zu können. Die Ernte erfolgt etwa im Oktober. Die Wurzel ist winterhart, sie sollte aber nicht im Boden bleiben, da sie sonst oft den Wühlmäusen zum Opfer fällt. Die Wurzeln können im feuchten Sand im Keller gelagert werden.

Tipp

Eine Pflanze sollte man im Beet stehen lassen, da sie im nächsten Sommer eine wunderschöne gelbe Blüte bekommt, die sanften Schokoladenduft verbreitet.

Der hohe Ballaststoffgehalt wirkt bei Darmproblemen und Stoffwechselkrankheiten. Das enthaltene Inulin macht sie zur Heilnahrung bei Diabetes und anderen Bauchspeicheldrüsenleiden. Die Wühlmäuse „wissen" das auch, ohne je ein Buch gelesen zu haben.

Schwarzwurzeln mit Butter und Käse

Die in Stücke geschnittenen Schwarzwurzeln werden in wenig Salzwasser weich gekocht und auf ein Sieb zum Abtropfen gelegt. In eine Auflaufform geben, Butterflöckchen darauf verteilen, mit Muskat würzen und den geriebenen Käse verteilen. Ca. 10 Min. überbacken und heiß servieren.

½ kg Schwarzwurzeln
50 g Butter,
60 g Gouda,
Salz, Muskat

Erfahrungsbericht einer bergischen Hausfrau

Als junge Ehefrau wollte ich einmal Schwarzwurzeln kochen, die es im Elternhaus nie gegeben hatte. Voller Neugier begann ich, die Wurzeln zu bürsten und zu schälen, wie es mir die Schwiegermutter erzählt hatte. Dann begann das Malheur: Weißer Saft quoll heraus und lief mir über Hände und Arme. Als das Telefon klingelte, ließ ich Messer und Wurzel los, aber beides blieb an meinen Händen kleben. Flott versuchte ich alles mit Wasser abzuwaschen, leider ohne Erfolg. Innerhalb sehr kurzer Zeit klebte alles in der Küche und das Gemüse machte selbst im Kochtopf einen schwarzen Rand. In der Küche herrschte ein klebriges Chaos. Trotz alldem, die Schwarzwurzeln haben lecker geschmeckt!

Haferwurzel *Tragopogon porrifolius*

Die Haferwurzel ähnelt im Geschmack der Schwarzwurzel. Die äußerlich weiße Wurzel enthält einen Milchsaft, der sich schnell ins bräunliche verfärbt.

Die Haferwurzel ist mit dem Wiesenbocksbart verwandt, den wir aus Kindertagen noch gut in Erinnerung haben. Seine Blüte leuchtet kräftig-gelb wie Löwenzahn und bildet später eine große Pusteblume.
Die Blüte der Haferwurzel erblüht dagegen in einem strahlenden Lila!

Seit dem 16. Jahrhundert wurde die Haferwurzel in Gärten kultiviert und galt in der Ernährung als sehr gesundheitsfördernd. Hierzulande fasste sie leider nicht Fuß und wurde von der Schwarzwurzel verdrängt. Sie sollte aber wieder in die Gärten geholt werden!

Kohl – bergisch: „Kappes"

Kohl ist eine wichtige und interessante Gemüseart und gehört zu der Familie der Kreuzblütler.

Seit über 3000 Jahren ernährt sich der Mensch von Kohl. Viele verschiedene Gemüsesorten wurden aus der Wildkohlpflanze gezüchtet. So haben alle Kohlsorten einen gemeinsamen Ursprung.

Heute kennen wir Weißkohl, Rotkohl, Wirsing, Butterkohl, Kohlrabi, Blumenkohl, Spitzkohl, Grünkohl und Rosenkohl, um nur einige zu nennen. Das äußerst gesunde Gemüse fühlt sich in unserer Region sehr wohl, da es mit Regen und Kälte gut zurechtkommt.

Tipp
Mit Mischkultur und Netzen schützen Sie ihre Kohlpflanzen vor Kohlweißlingen.

Kohl ist eines der gesündesten Gemüse in unseren Breiten. Besonders in der kalten Jahreszeit ist der Kohl für eine gesunde und ausgewogene Ernährung unentbehrlich. Er enthält fast alle Vitamine, besonders viel Vitamin C, außerdem die Mineralstoffe Kalium, Kalzium, Schwefel und Spurenelemente wie Selen.

Früher nannte man den Kohl auch den „Arzt der Armen". Er entgiftet den Darm, regt den Stoffwechsel an und stärkt das Immunsystem. Er wirkt vitalisierend und aufheiternd, baut Stress ab und belebt das Gehirn. Das Allheilmittel Kohl kann bei Ohrenschmerzen, Halsentzündungen, Bronchitis, Gicht, Gelenkschmerzen und Krampfadern wahre Wunder bewirken.

Tipp
Kohlarten brauchen jedes Jahr ein neues, gut gedüngtes Beet!

Kohlrabi s. Frühling
Blumenkohl s. Sommer
Rosenkohl und Grünkohl s. Winter

Wirsing *Brassica oleracea var. sabauda*, **bergisch: "Schaffuen"**

In einer Parodie des alten Martinsliedes heißt es in Lindlar: „St. Martin ritt durch Kappes und Schaffuen, do kom de Buur un schloch enn an et Uhr!"
(St. Martin ritt durch Kohl und Wirsing, da kam der Bauer und schlug ihn ans Ohr.)
„Kappes un Schaffuen" bedeutet in Lindlar soviel wie querfeldein.

Wirsing sieht dem Weißkohl ähnlich, bildet auch einen Kopf, doch die Blätter sind runzlig und die Außenblätter dunkelgrün. Wirsing wird in frühen und späten Sorten angeboten.

  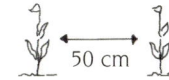

Das Kohlbeet sollte bereits im Herbst großzügig mit Mist angereichert werden. Ab Februar kann unter Glas und ab Mai im Freiland ausgesät werden. Erscheint das 3.-4. Blatt, werden die Jungpflanzen in Reihen auf das Beet gepflanzt.

Während des Wachstums sollte kräftig mit Pflanzenjauchen gedüngt werden. Reichliches Wässern und Hacken fördert die Kopfbildung. Mulchen unterdrückt die Beikräuter und hält den Boden feucht.

Kohl wird am Besten in Mischkultur angebaut, um ihn gegen Krankheiten und Schädlinge zu schützen. Es eignen sich dazu z.B. Sellerie, Tomaten und Spinat.

Wirsingauflauf

Ein kleiner Wirsing wird halbiert, in Streifen geschnitten und kurz in kochendes Wasser gelegt. Alle anderen Zutaten zu einem Hackfleischteig verarbeiten.
Eine feuerfeste Auflaufform buttern und den Boden mit einer Schicht Wirsingblätter bedecken. Darauf kommt eine Schicht Hackfleisch und wieder eine Lage Wirsing. Schichtweise so fortfahren bis Blätter und Fleisch verbraucht sind.
Den Guss aus Sahne, Eiern und Gewürzen über den Auflauf gießen und diesen für 1 Stunde bei 180 Grad in den Backofen schieben. Dazu schmecken Salzkartoffeln.

1 Wirsing ca. 800g
400 g Hackfleisch
1 gehackte Zwiebel
1 zerdrückte Knoblauchzehe
1 Ei
Pfeffer, Salz
Butter für die Auflaufform

Für den Guss:
¼ l süße Sahne,
2 Eier, Salz, Pfeffer und Muskat

Weißkohl *Brassica oleracea convar. capitata f.alba*,
bergisch: "Wießer Kappes"

Wer schon einmal einen dicken, prallen, frisch geernteten Kohlkopf in Händen hielt, der weiß, was Gärtnerglück bedeutet.

  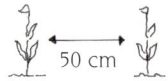   Anbau wie Wirsing

Der Krauthobel

Vor ihrer Heirat gab es bei Lore häufig „Kappesschloot" (Weißkohlsalat). Nun wollte sie diesen auch ihrem frisch angetrauten Mann servieren. Da sie keinen Krauthobel hatte, versuchte Sie, den Kohl von Hand ganz fein zu schneiden. Doch so fein wie mit dem Hobel wurde er nicht und er schmeckte auch nicht wie bei Muttern; deshalb sollte schon am nächsten Tag ein eigener Krauthobel her.
Lore ging also ins Haushaltswarengeschäft, um eine „Kappesschaaf" zu kaufen. Leider kannte sie den hochdeutschen Namen nicht … Vergeblich schlich sie um das Geschäft und schaute durchs Fenster, ob sie das heiß begehrte Gerät entdecken würde. Dann könnte sie einfach darauf zu zeigen.
Beklommen öffnete sie die Ladentür und die Verkäuferin fragte sogleich: „Bitteschön?" Lore nahm all ihren Mut zusammen und sagte: „Ich möchte eine Kappesschaaf". „Ach, Sie möchten einen Krauthobel, dann schauen sie doch mal hier!" Mit hochrotem Kopf, aber einer Kappesschaaf unter dem Arm, verließ die Glückliche das Geschäft.

Weißkohlsalat

Ein frisch geernteter Weißkohl aus dem Garten wird ganz fein gehobelt und mit etwas Salz gut vermischt. Ca. 10 Minuten durchziehen lassen, dann kommt 1 gehäufter EL Mayonnaise, etwas Milch, Pfeffer und weißer Balsamessig hinzu. Daraufhin noch mal 10 Minuten ziehen lassen und sofort servieren.

Sauerkraut s. Winter

Rueden Kappes is dat Jliche wie wießen Kappes nur date rued is.
(Roter Kohl ist das Gleiche wie weißer Kohl, nur das er rot ist.)

Rotkohl

  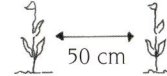 Anbau wie Wirsing

Tipp
Beim Garen behält der Rotkohl seine schöne Farbe, wenn etwas Essig zugegeben wird.

Eierfärben mit Rotkohl

Eierfärben mit Naturfarben ist eine spannende Sache. Kurz vor Ostern können schon einige Pflanzen aus der Natur gesucht werden. Aber auch getrocknete Kräuter vom Vorjahr eignen sich hierfür, ebenso wie der Rotkohl, denn er enthält einen starken Farbstoff.

Mit den folgenden Tricks nehmen die Eier die Farbe besser an:
· Die Eier müssen vor dem Färben gut gewaschen werden.
· Eine Prise Alaun macht die Schale aufnahmefähiger.

Zarter Blauton: Den Rotkohl klein schneiden, ½ Stunde in etwas Wasser garen und den Sud ½ Stunde ziehen lassen. Eine Messerspitze Alaun zufügen und die Eier darin kochen.

Kräftiges Blau: Im Rotkohl-Sud wird ein Eisennagel mitgekocht. Dieser Nagel wirkt wie ein Katalysator und aus Rot wird Blau. Dann wird eine Messerspitze Alaun hinzugefügt und die Eier 10 Minuten lang gekocht. Je länger die Eier in diesem Sud liegen, umso kräftiger wird der Farbton. Die Gemüsestücke sorgen für eine gesprenkelte Schale, im durchgesiebten Sud werden die Eier gleichmäßig blau. Ein besonders tiefes Blau ergibt sich, wenn die Eier über Nacht in dem erkalteten Pflanzensaft stehen bleiben.

Anschließend die Eier abtrocknen und mit einem Speckschwarte abreiben, damit sie schön glänzen.

Rotkohl enthält besonders viel Selen!

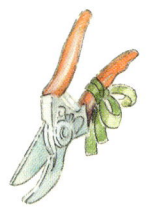

Butterkohl

Butterkohl ist ein beliebtes Gemüse im Rheinland, er durfte früher auch in keinem bergischen Garten fehlen.

  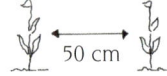 Anbau wie Wirsing

Im Gegensatz zu anderen Kohlarten kann der Butterkohl über mehrere Monate blattweise geerntet werden. Man nimmt die äußeren Blätter und das Herz wächst nach. Geerntet werden kann von ab Juli bis in den Winter.

Beinahe wäre der Butterkohl verschwunden.

Seit 2004 ist der Butterkohl von der Liste des Bundessortenamtes verschwunden, d.h. sein Saatgut darf offiziell nicht mehr gehandelt werden. Bei der Bergischen Gartenarche, die sich um den Erhalt historischer Pflanzen im Bergischen kümmert, wurde seitdem häufig nach Butterkohl gefragt. Nach langer Suche fand man schließlich Saatgut, das allerdings nicht aus dem Bergischen stammte. Seitdem wird der Butterkohl in vielen bergischen Gärten wieder fleißig ausgesät, vermehrt und verbreitet!

Butterkohleintopf

Kohl waschen und klein schneiden, Kartoffeln schälen und würfeln. Die Butter erhitzen, das Gemüse darin andünsten und anschließend mit Brühe auffüllen. Alles 20 Minuten kochen lassen, mit Sahne verfeinern und abschmecken.

Ca. 1 kg Butterkohlblätter
½ kg Kartoffeln
2 EL Butter
½ l Brühe
½ Becher süße Sahne
Salz, Pfeffer und viel Muskat

Butterkohl rettete uns über den Winter

Vor einigen Jahren bekam ich Anfang Mai viele Butterkohlpflanzen geschenkt. Jetzt hatte ich den Lieblingskohl meiner verstorbenen Schwiegereltern endlich selbst im Garten, ich kannte ihn ja nur aus Erzählungen. 10 Pflanzen bekamen ein schönes Beet, die anderen wollte ich schnell verschenken. Überall gab es Begeisterung, doch kaum jemand hatte noch einen Garten. Sollte ich auf diesem seltenen Schatz sitzen bleiben? Nach einer Woche hatte ich genug Reklame gemacht und bin sie mit Kusshand losgeworden.

Eine Dame erzählte mir, dass sie diesen Kohl aus Dankbarkeit in ihren Garten pflanzen würde, denn er hätte sie über schwere Zeiten gerettet.

„In den 50er Jahren war ich jung verheiratet, hatte kleine Kinder und mein Mann wurde im Herbst arbeitslos. Das Geld war sehr knapp, oft wusste ich nicht, was ich kochen sollte. Zum Glück hatte ich einen großen Garten und sehr viel Butterkohl. Fast jeden Tag gab es dieses köstliche Gemüse, einmal Kohl in Kartoffelbrei, dann Stampfkartoffeln in Butterkohl. Als mein Mann im Frühjahr wieder Arbeit bekam, hatten wir den Winter relativ gut hinter uns gebracht. Diese schwere Zeit habe ich nie vergessen und weiß, dass ich ohne den vielen Butterkohl schier verzweifelt wäre."

Kürbis *Curcubita pepo*

Die Heimat des Kürbis liegt in den tropischen Teilen Südamerikas. Mit den Spaniern gelangte er nach Europa. Während er in den USA und in Japan geschätzt, gepflegt und fleißig gezüchtet wurde, galt er in Europa lange als Notgemüse. In Kriegszeiten waren Kürbisse gerade gut genug, um nicht verhungern zu müssen. Doch inzwischen ist er auch bei uns zum beliebten Heilmittel und Deko-Objekt geworden und wird insbesondere in der Küche vielseitig verwendet.

  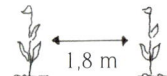

Ab April werden junge Kürbispflanzen vorgezogen oder auf Tauschbörsen erstanden. Nach den Eisheiligen können sie an Ort und Stelle gepflanzt werden. Das Beet sollte gut mit Kompost oder Mist versorgt sein.
Die Jungpflanzen müssen anfangs vor Schneckenfraß geschützt und gelegentlich gegossen werden. Schnell bedeckt eine Kürbispflanze eine Fläche von 4 m².

Tipp
Ein Holzbrettchen schützt die Frucht an der Auflagestelle vor Fäulnis.

Die so genannten Sommerkürbisse, wie z.B. Zuccini, werden frisch verarbeitet. Gut ausgereifte Winterkürbisse können in kühlen, frostfreien und luftigen Räumen Monate, manche sogar übers Jahr aufbewahrt werden.

Tipp
In halbreife Kürbisse können mit dem Fingernagel Wort oder Symbole eingeritzt werden, die Wunde verheilt und die vernarbten Zeichen bleiben sichtbar.

Der kalorienarme Kürbis enthält viele Ballaststoffe. Diese fördern die Verdauung, entgiften den Darm und bewirken, dass überflüssige Stoffe ausgeschieden werden. Das enthaltene Kalium wirkt entwässernd, das Magnesium nervenstärkend und das Beta-Karotin fördert die Immunabwehr. Die Kerne der Ölkürbisse sind auch ein gesunder Knabberspaß, nicht nur bei Prostata-Leiden.

Garten- und Moschuskürbisse zerkochen zu Mus, sie eignen sich daher besonders gut für Suppe und Marmelade. Das Fruchtfleisch der Riesenkürbisse, das beim Kochen fest bleibt, bietet sich zum Einlegen und für Chutneys an.

Tipp
Kletternde Kürbisse erobern auch gern mal kleine Bäume, Sträucher und Hecken und schmücken diese mit ihren Früchten.

Kürbis auf dem Kompost

Die fleißigen bergischen Bauern bestellten unter großer Mühe ihr Feld, um ihre Familien zu ernähren. Oft wurde noch von Hand gepflügt und geeggt, weil die Kleinbauern kein Pferd besaßen. Es war eine schweißtreibende Arbeit. Ein Feld wurde von einem Bauern, der aus Schlesien vertrieben worden war, bewirtschaftet. Er schuftete genauso wie die Hiesigen, nur am Ende des Feldes türmte er mit der Zeit einen Komposthaufen auf. Dort pflanzte er etwas, das riesige Blätter bildete. Die Triebe bedeckten sogar das ganze Umfeld. Die Nachbarn beäugten die seltsame Pflanze argwöhnisch. Mit der Zeit zeigten sich gelbe Früchte, und plötzlich lagen dort riesige Kürbisse. Neugierig wurde der Zugezogene gefragt, was er denn damit mache. Nach einer Kostprobe von süß-sauer eingelegtem Kürbis waren sich die „Eingeborenen" einig: da würde in Lindlar kein Hahn nach krähen!

Kürbis in Apfelwein

Den Kürbis schälen, in 2 cm große Würfel schneiden und in einer großen Schüssel mit Essig beträufeln. Am nächsten Tag Zucker mit Apfelwein aufkochen, den abgetropften Kürbis in die kochende Zuckerlösung geben, kurz aufkochen bis er glasig aussieht und aus dem Topf nehmen. Er darf nicht weich kochen! Die ungeschälten Zitronen in Scheiben schneiden, mit den anderen Gewürzen in die Zuckerlösung geben und mit den Fruchtstücken noch einmal aufkochen. Die heiße Masse in einen sauberen Tontopf füllen und erkalten lassen. An einem kühlen Ort, mit Pergamentpapier abgedeckt, hält sich der Kürbis den ganzen Winter. In den ersten Tagen nach der Zubereitung muss kontrolliert werden, ob genügend Flüssigkeit auf den Früchten ist, evtl. nachgießen.

2 kg Kürbisfleisch
½ l Weinessig
1 kg Zucker
½ Flasche Apfelwein
2 ganze, unbehandelte Zitronen
1 Stange Zimt
10 Gewürznelken
etwas zerkleinerter Ingwer

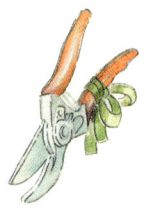

Endivie *Cichorium endivia*

Nach Erbsen, Spinat und Frühmöhren ist die Endivie eine gute Nachkultur. Etwas robuster als Kopfsalat, ist sie mit weniger Wärme zufrieden. Endivienpflanzen standen früher oft bis zum ersten Frost in den Gärten. In den Kräuterbüchern des Mittelalters wird die Endivie als zahme Wegwarte beschrieben, beide stammen aus der gleichen Familie.

  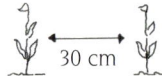

Die Endivie im Juni/Juli aussäen und bis spätestens Ende Juli an Ort und Stelle pflanzen. Sie ist dankbar für reichliches Gießen und Hacken, Trockenheit nimmt sie übel.
Geerntet wird im Oktober/November, in günstigen Lagen bis in den Dezember hinein. Früher wurden die Pflanzen gebleicht, damit sie nicht so bitter waren. Dazu wurden einzelne Pflanzen zusammengebunden, das Innere blieb hellgelb.

Kurzzeitig können Endivien gelagert werden. Dazu werden sie mit der Wurzel ausgegraben und im kühlen Keller dicht an dicht in feuchten Sand gesetzt. Dabei dürfen die Blätter nicht nass sein, da sie sonst faulen.

Ein uraltes köstliches Rezept:
Endivien in Sahne

1 Kopf Endiviensalat,
¼ l Sahne
20 g Butter
1-2 Eigelb

Die Blätter werden gut gesäubert, gar gekocht und gehackt. Mit Sahne unter ständigem Rühren durchkochen, Butter dazu gegeben und mit ein bis zwei Eigelb legieren.

In einem alten Kochbuch steht, dass der geschnittene Endiviensalat eine Stunde in lauwarmem Wasser liegen muss. Damit sollten dem Gemüse einige der herben Bitterstoffe entzogen werden. Die heutigen Sorten sind bitterarm bzw. bitterfrei gezüchtet. Leider! Die Bitterstoffe sind sehr gesundheitsfördernd.

Salat s. Sommer

Das blaue Wunder

Das schönste Geschenk von meinem Schwiegervater war für mich die Hälfte seines Gemüsegartens. Da durfte ich pflanzen was ich wollte und meine eigenen Erfahrungen sammeln. Mein Schwiegervater war Rentner und nutzte seine Zeit, um Gemüsepflanzen vorzuziehen. Wenn ich dann abgekämpft von der Arbeit in den Garten kam, standen oftmals Salat- und andere Gemüsepflanzen für mich bereit.

Eines Tages im Juli bekam ich zwei Sorten Salatpflanzen von ihm. Endiviensalat und ...?, den Namen kannte ich nicht. Ich pflanzte alles aus und der Salat machte sich so gut, dass mein Mann und ich gar nicht alles aufessen konnten. Im nächsten Frühjahr, als der Garten für die neue Saison parat gemacht wurde – zum Leidwesen meines Schwiegervaters war ich immer zu spät – standen noch zwei nicht gerade anschauliche Salatpflanzen am Rande eines Beetes. Ich ließ sie stehen, obwohl ich mindestens dreimal darauf aufmerksam gemacht wurde, dass ich noch alte Pflanzen hätte stehen lassen, die auf den Kompost gehörten. Mein Dickkopf setzte sich durch und Ende Mai wurden die beiden Salate plötzlich groß wie Weihnachtsbäume, 1 – 1,50 m hoch. „Dingen Schloot blöht" (Dein Salat blüht), bekam ich nun zu hören, was ja heißen sollte: „schmeiß ihn endlich auf den Kompost". Ich ignorierte alle Aufforderungen zum „ordentlichen Gärtnern" und wurde belohnt.

Eines Morgens erlebten wir unser „Blaues Wunder". Ich kannte bis dahin nur unauffällig blass-gelb blühende Salate. Die beiden in meinem Garten aber standen voller hellblauer Blütensterne, wie eine Wegwarte. Nun wurden sie auch von meinem Schwiegervater bewundert, aber skeptisch: „Hoffentlich wird das kein neues Unkraut", meinte er in Anbetracht der massenhaften Blüten. Heute weiß ich, dass der Zichoriensalat mit der Wegwarte verwandt ist und lasse mit Absicht ab und zu einen Salat blau blühen.

Feldsalat *Valerianella locusta*, bergisch: Koornschloot

Ursprünglich fand man den Feldsalat auf den abgeernteten Korn- und Getreidefeldern, deshalb heißt er im Bergischen auch „Koornschloot", also Kornsalat.

Der Feldsalat ist eine mitteleuropäische Pflanze. Dass er häufig auch Rapunzel genannt wird, beruht wahrscheinlich auf einer Verwechslung mit einer Glockenblume (Campanula rapunculus), deren ähnliche Blattrosetten früher ebenfalls gesammelt und gegessen wurden.

Feldsalat ist der wichtigste frische Salat, der während des Winters in unseren Breiten geerntet werden kann!

Feldsalat stellt keine Ansprüche an Standort und Boden und er ist winterhart. Sogar im lichten Schatten unter Bäumen gedeiht er, wird dort aber nicht ganz so kräftig wie in guter Gartenerde. Die Aussaat in Reihen erleichtert das Jäten und die Ernte.

Feldsalat wird am besten in der Zeit von Anfang August bis Mitte September ausgesät. Die Ernte kann bis in das nächste Frühjahr hinein reichen.

Tipp
Feldsalat blühen lassen!
Die hübschen kleinen Blüten können in Sträußchen gebunden werden, Salatgerichte zieren oder ihren Samen im Garten verteilen.
Nach ein paar Jahren tauchen die grünen Blattrosetten in Blumenbeet, Trockenmauer oder Hecke auf und es macht Spaß, sie aufzuspüren. Der Feldsalat fühlt sich eben ‚wildgeworden' am wohlsten.

Salat s. Sommer

‚Familienrezept Feldsalat'

250 g Feldsalat verlesen und gut waschen.
Die Soße besteht aus ¼ l Sahne oder 2 EL Mayonnaise, evtl. etwas Milch, Essig, Salz, Pfeffer, 1 gewürfelte Zwiebel und 1 gekochten, heiß gekneteten Kartoffel.
Alles wird über den Salat gegeben und gut vermischt.

Feldsalat kräftigt das Herz und stärkt das Immunsystem.

Nussiger Feldsalat mit Apfel und Speck

Feldsalat verlesen und waschen, Haselnüsse rösten und grob hacken. Apfel vom Kerngehäuse befreien und nicht zu fein würfeln. Zwiebel schälen und in feine Ringe schneiden, den gerösteten Speck hinzu geben.
Feldsalat mit Äpfeln, Nüssen, Zwiebeln und Speck gut untermischen und aus allen anderen Zutaten ein Dressing zubereiten, über den Salat gießen, gut vermengen und sofort servieren.

300 g Feldsalat
50 g Haselnüsse
reifen Apfel
1 große, rote Zwiebel
ca. 150 g gewürfelten
  Schinkenspeck

Sauce:
½ Tasse Gemüsebrühe
½ TL Honig
5 EL Öl
etwas Apfelessig
Salz, Pfeffer

Feldsalat im Schnee

Nach der Hauptente im Sommer wurde unter anderem viel Feldsalat gesät. Er brachte im Winter, wenn der Garten nicht schneebedeckt war, die nötigen Vitamine.
Manchmal lag aber auch sehr lange Schnee auf der grünen Delikatesse. Dann kam man nicht an sie heran. Mutter hatte eine Idee, wie sie fast zu jeder Zeit den frischen Salat ernten konnte. Sie legte Fichtenreisig auf die zarten Pflänzchen. Bei Schnee brauchte sie die Zweige nur anzuheben und konnte den begehrten Salat ernten. So gab es Weihnachten meistens frischen Feldsalat.

Winter

Überlistet

*Wenn Blätter von den Bäumen stürzen,
die Tage täglich sich verkürzen,
wenn Amsel, Drossel, Fink und Meisen
die Koffer packen und verreisen,
wenn all die Maden, Motten, Mücken,
die wir versäumten zu zerdrücken,
von selber sterben – so glaubt mir:
es steht Winter vor der Tür!*

*Ich lass ihn stehn!
Ich spiel ihm einen Possen!
Ich hab die Tür verriegelt
und gut abgeschlossen!
Er kann nicht 'rein!
Ich hab ihn angeschmiert!
Nun steht der Winter vor der Tür -
und friert!*

Heinz Ehrhard

Dezember

Der Garten versinkt langsam im Winterschlaf. Die Beete sind abgedeckt, nur vereinzelt stehen noch Gemüse wie der Grünkohl auf den Beeten. Der ruhende Garten und die Vögel am Futterhaus können vom Schaukelstuhl aus dem warmen Wohnzimmer betrachtet werden. Gemüse, die im Keller eingelagert sind, müssen häufig kontrolliert werden.

Rückblickend können im Gartentagebuch noch letzte Eintragungen gemacht werden.

Es gibt wunderschöne Gartenliteratur, die man sich jetzt zu Gemüte führen kann.

Am 4. Dezember schneiden wir „Barbara-Zweige", z. B. Obstgehölze oder Forsythien, stellen sie in die warme Wohnung und freuen uns am Heiligen Abend über die Blüten.

Bauernregel: *Knospen an St. Barbara, sind zum Christfest Blüten da.*

Januar

Bei sonnigem Wetter schauen wir auf unseren schneebedeckten Garten und erkennen die Konturen des letzten Gartenjahres.
In Vorfreude auf neue Aktivitäten im Freien, blättern wir in bunten Pflanzenkatalogen und bereiten das neue Gartenjahr vor. Welche Gemüse möchte ich dieses Jahr anbauen?
Wer im Vorjahr ein Gartentagebuch geführt hat, kann auf seine Gedanken aus der letzten Saison zurückgreifen und in die neue Planung einbeziehen.

Noch vorhandenes Saatgut wird sortiert und auf Keimfähigkeit geprüft.
Eine Keimprobe ist ganz einfach: Ein angefeuchtetes Papiertaschentuch wird in eine flache Schale gelegt, die Samen darauf gestreut und alles abgedunkelt. Nach einer Woche sollte sich etwas regen, ansonsten sind die Samen nicht mehr keimfähig.

Februar

Die ersten vorwitzigen Blüten erscheinen. Winterlinge und Schneeglöckchen strecken vorsichtig ihre Blätter aus dem Boden.
Im Freundeskreis wird bei einer guten Tasse Kaffee gefachsimpelt und gemeinsam überlegt, wer wo was bei wem bestellt und welches Saatgut geteilt wird.
Ende des Monats können auf der warmen Fensterbank die ersten Tomaten ausgesät werden.

Grünkohl Seite 105

Steckrübe/Kohlrübe *Brassica napus*

Die Steckrübe ist eine alte Kulturpflanze, die insbesondere in Norddeutschland ein beliebtes Gemüse war. In unserer Region hatte sie den Ruf eines „Arme-Leute-Essens", da sie vorwiegend in Hungerjahren auf den Tisch kam.

Steckrüben waren früher eher auf den Feldern zu finden als im Hausgarten. Sie wurden in langen Reihen für Mensch und Tier angepflanzt und zusätzlich als „Lückenbüßer" im Runkelfeld.

Da sie vorwiegend unter der Erdoberfläche wachsen, bezeichnet man Steckrüben als Unterkohlraben. Der oberirdische Teil der Rübe ist durch die Lichteinwirkung lila überhaucht, während der unterirdische Teil eher schmutzig weiß ist.

   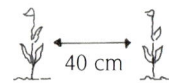

Ab März kann unter Glas vorgezogen werden, wenn das 3.-4. Blatt erscheint, wird in den Garten gepflanzt. Die Aussaat im Freiland erfolgt ab April.
Die Rüben werden ab Oktober geerntet und im feuchten Sand eingelagert.

Da die Steckrübe eine Verwandte unseres Kohls ist, hat sie auch seine heilenden Wirkstoffe in sich, die wir durch das Essen aufnehmen. Besonders zu erwähnen sind die Spurenelemente und Ballaststoffe.

Tipp
Die Blätter enthalten mehr gesundheitsfördernde Stoffe als die Rübe selbst. Gedünstet ergeben sie eine schmackhafte Suppe und die zartesten werden als Rohkost dem gemischten Salat beigegeben.

Geheimtipp
Der Genuss der Steckrübe soll die Libido anfeuern. Erfahrungsberichte liegen leider nicht vor.

Steckrübensuppe mit Mettbällchen

Das Mett zu kleinen Kugeln formen und in wenig Salzwasser garen.
Die Zwiebel in der Butter glasig dünsten, die Steckrüben dazugeben, mit dünsten und den Zucker darüber streuen. Kurz karamellisieren lassen. Die Gemüsebrühe dazu geben und 30 Min. kochen lassen. Mit Majoran und Muskat würzen und alles pürieren. Die Sahne hinzugeben, abschmecken und die kleinen Mettbällchen beim Servieren hinzu geben.

100 g Mett
1 große Zwiebel, gewürfelt
2 EL Butter
500 g Steckrüben, gewürfelt
2 TL Zucker
1 l Gemüsebrühe
Majoran, Muskat
200 ml Sahne

Steckrüben können ansonsten wie Kohlrabi zubereitet werden, sind aber eher orange in der Farbe. Ihren süßlichen Kohlgeschmack mochte man gerne mit Zwiebeln und fettem Fleisch in deftigen Eintöpfen.

Der Kohlrüben Keller (Geschichte aus den 1930er Jahren)

Unser Nachbar hatte einen alten Hof mit einer uralten Scheune, in der Heu und Ackergeräte gelagert wurden. Seitlich befand sich eine abgedeckte Öffnung, das Kellerloch für den niedrigen Gewölbekeller. Durch dieses Kellerloch wurden im Herbst die Knollen für das Vieh, aber auch das Lagergemüse für die Familie eingefüllt. Der Bauer kippte mit der Pferdekarre die Steckrüben über diesem Loch ab, sie purzelten in den Keller. Dort warteten wir Kinder mit unseren Freundinnen, um die Knollen von der Öffnung in eine Lagerecke zu tragen. So blieb die Kelleröffnung frei für die nächste Ladung.
Ob wir wollten oder nicht, wir mussten uns beeilen, um das Gemüse wegzuschaffen, denn sonst wären wir in den Rüben versunken.
Hatten wir ausnahmsweise mal ein Päuschen, nahm meine Freundin Toni ihr Taschenmesser und verteilte Kohlrüben. Dazu schabte sie mit dem Messer über das Gemüse, sodass ein fein geraspelter Brei entstand. Reihum durfte jeder mal probieren und es schmeckte besonders lecker nach getaner Arbeit. In unserer Jugend hatten wir oft Hunger und halfen nur wegen dieser heimlichen Nascherei mit, eigentlich hätten wir lieber gespielt.

Kartoffel *Solanum tuberosum*

Im Bergischen nennt man die Kartoffel „Eärpel", was wahrscheinlich Erdapfel bedeutet.

Wie viele unserer heutigen Nutzpflanzen, kam die Kartoffel aus Südamerika zu uns. Ob spanische Eroberer, englische Freibeuter, Sklavenhändler oder irische Edelmänner sie zu uns brachten, ist umstritten. Zu Anfang hieß sie „Tartuffli" und wanderte als Kuriosum durch die königlichen Gärten. Erst durch einen Trick des Preußenkönigs Friedrich des Großen gelangte sie im 18. Jahrhundert auf die Äcker und in die Kochtöpfe der hungernden Bevölkerung. Heute ist die Kartoffel auf dem besten Weg zur Kult-Pflanze!

Kartoffeln sind ein faszinierendes Gemüse, mit sortenreicher, farblicher und geschmacklicher Vielfalt. Sie als reine Sättigungsbeilage zu servieren, sollte eigentlich verboten werden, da sie viel mehr zu bieten haben. Wer die Abwechslung liebt, setzt verschiedene Sorten nebeneinander in sein Beet.

Tipp

Wenn ein neuer Garten angelegt werden soll, pflanzt man zuerst ganzflächig Kartoffeln an. Die Knollen lockern die Erde auf und verbessern die Bodenqualität.

   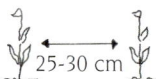 25-30 cm

Das Beet wird im Herbst mit gut verrottetem Mist oder Kompost angereichert. Die Pflanzzeit ist gekommen, wenn sich der Boden soweit erwärmt hat, dass man mit dem „bläcken Hingerschten" (nackten Hintern) einige Zeit darauf sitzen konnte, etwa ab Mitte April.

In den gelockerten Boden werden Furchen gezogen, in die die Kartoffeln etwa mit einer Fußlänge Abstand gelegt werden. Dann wird die Furche von beiden Seiten mit Erde zugeschoben, so dass über der Knolle ein Damm entsteht. Bis die Pflanze genügend Blattwerk gebildet hat, um den Boden zu beschatten, muss regelmäßig das Unkraut entfernt werden und der Damm angehäufelt werden. Wenn die Pflanzen ein grünes Dach bilden, werden sie in Ruhe gelassen.

Ein regelmäßiges Absuchen der Pflanzen nach Kartoffelkäfern ist notwendig. Sie legen ihre Eier auf der Blattunterseite ab. Käfer, Larven und Eier müssen abgesammelt und vernichtet werden.

Geerntet werden die Kartoffeln, indem man den Damm vorsichtig auseinander harkt und die Knollen freilegt.
Lagerkartoffeln sollten einige Stunden an der Luft trocknen, bevor sie an einen frostsichern, 4-6°C kühlen, luftigen und dunklen Lagerort untergebracht werden. Die Pflanzkartoffeln für das nächste Jahr werden direkt zur Seite gelegt und gekennzeichnet.
Kartoffeln dürfen nicht im gleichen Raum mit Äpfel oder Zwiebeln lagern, da deren Reifegase die Lagerfähigkeit beeinträchtigen. Ein voller Kartoffelkeller war ein guter Wintervorrat, man rechnete pro Familienmitglied 1,5 – 2 Zentner Kartoffeln.

Kartoffeln ernten auch ohne Acker

Kartoffeln können auch in Kübeln und Kästen angebaut werden, z.B. reicht ein Speiskübel von 60 – 100 L für 4-5 Knollen, ein 10 Liter-Eimer für eine Setzkartoffel. Es gibt sogar schon farbenfrohe Pflanztaschen für diesen Zweck zu kaufen.
Eine weitere Möglichkeit ist ein „Kartoffelturm":
In einen Kasten mit Erde legt man – je nach Größe – 4-5 Kartoffeln. Wenn sie Blattwerk bilden, setzt man einen gleichgroßen Kasten ohne Boden darauf und füllt ihn nach und nach mit Erde auf, die Blätter müssen immer ein wenig heraus schauen. So können im Laufe der Zeit mehrere Kästen aufgesetzt werden. Die Pflanze bildet immer mehr Knollen aus und man benötigt wenig Fläche.

Kartoffeln sind für unsere Ernährung sehr wichtig. Sie enthalten viele wichtigen Mineralstoffe und Spurenelemente. Dass der Genuss von Kartoffeln dick macht, stimmt einfach nicht; es sind die Zutaten, wie Bratfett und Mayonnaise. Eine Kartoffel „pur" ist Nahrung, Medizin und Genuss zugleich.

Wenn ein Kind Halsweh und Husten hatte, so kamen heiße „Quellmänner" (Pellkartoffeln) als Wickel um den Hals oder auf die Brust.

„Eärpelsfritz" (Brotaufstrich)

Kartoffelpüree vom Mittag
Salz, Pfeffer, Muskat
klein geschnittener
   Schnittlauch
Sahne (Wohlstandsvariante)

Da die Menschen im Bergischen sehr arm waren und sich keinen Aufschnitt leisten konnten, mussten die Mütter schon mal erfinderisch sein:
Der kalte Kartoffelbrei wird mit dem Schneebesen aufgeschlagen und mit den Gewürzen, dem Schnittlauch und der Sahne vermischt, so dass ein cremiger Aufstrich entsteht.

Schmeckt prima zu frischem Roggenbrot.

„Arme-Leute-Marzipan" - besonders schön mit lila Kartoffeln

500 g weich kochende Pellkartoffeln werden heiß gepellt, sofort in einem breiten, flachen Edelstahltopf zerstampft und schleunigst mit einem Schneebesen und 500 g Zucker zu einer cremig-flüssigen Masse verrührt. Bei niedriger Hitze wird der Brei ca. ½ Stunde unter ständigem Rühren eingekocht.
Den offenen Topf mit einem Handtuch abdecken und 24 Stunden abkühlen lassen. Dann die Masse mit einigen Spritzern Bittermandelaroma und gemahlenen Mandeln (ca. 200-300g) zu einem Teig verkneten, aus dem Kugeln oder kleine Brote geformt werden. Noch etwa 3 Tage sollte die Näscherei offen nachtrocknen. Achtung: vor Naschkatzen verstecken und nicht in luftdichten Behältern aufbewahren!

Schnibbelskoochen

Ein typisch bergisches Gericht ist „Schnibbelskoochen". Das ist ein Pfannkuchen, der aus grob geriebenen Kartoffeln in der Pfanne gebraten wird.
Eines Tages wunderten wir uns, dass der Nachbarsjunge überhaupt nicht mehr zu Besuch kam. Sonst ging er doch immer ein und aus. Als ich nachfragte, war der Grund schnell gefunden. In der Umgangssprache heißt der „kleine Unterschied" zwischen Mädchen und Jungen „Schnibbel". Das war die Lösung. Der kleine Carlo hatte Angst um seinen Schnibbel, wenn es bei uns Schnibbelskoochen gab.

Tipp
Alte Landsorten ohne gültige Sortenzulassung, dürfen nicht als Pflanzgut verkauft werden, sind aber oft als Speisekartoffeln erhältlich. Ob Sie die Knollen dann versehentlich im Garten „verlieren", bleibt Ihnen überlassen.

Tipp
Mit frischen Kartoffelschalen fängt man Kellerasseln!

Der Eärpelsrummel

Die Kartoffelernte war früher ein Erlebnis. Die ganze Nachbarschaft wurde zusammen getrommelt und wir Kinder bekamen schulfrei, um bei der Ernte zu helfen. Die heutigen Herbstferien hießen früher „Kartoffelferien"!
Gerne trafen wir uns bei den Nachbarn, um zu helfen und um ein paar Groschen zu verdienen. Je mehr Leute zusammen kamen, umso schneller ging die Arbeit von der Hand. Meist wurde ein ganzer Tag oder zumindest ein Nachmittag dafür angesetzt.
Jeder bekam einen Drahtkorb und ein Stück Acker zugeteilt, auf dem wir die Kartoffeln aufzulesen hatten. Kam der Bauer mit seinem Pferd, oder später mit dem Trecker, vorbei, rodete er die Kartoffel und los ging es mit der Sammelei. Wenn der Korb voll war, kippten wir die Knollen auf eine Karre, die am Feldrand stand.

Schnell tat uns der Rücken weh. Doch alles Jammern half nichts; wenn wir uns etwas verdienen wollten, so mussten wir den Tag durchhalten. Mittags brachte die Bäuerin einen deftigen Eintopf ins Feld und wir langten alle kräftig zu. Wir aßen mit erdverschmierten Fingern, doch das störte keinen. Nach dieser Pause ging es weiter und wir atmeten wieder den kräftigen erdigen Geruch ein. Den Rücken spürten wir mittlerweile nicht mehr und wir sehnten die Nachmittagspause herbei, um bei Streuselkuchen und Muckefuck wieder zu entspannen.
Die Jungs machten allerlei Blödsinn, sie fingen Mäuse und erschreckten damit die Mädchen. Es wurde viel gelacht und gescherzt.
Abends saß man in froher Runde und auf dem Bauernhof zusammen und es gab „Ollichszaus un Eärpel" (Zwiebelsoße und Kartoffeln). So arbeitsreich dieser Tag auch gewesen war, es hatte wieder Spaß gemacht und in der Hand hielten wir stolz die schwer verdienten Groschen, die fürs Sparschwein bestimmt waren.

Genusstipp
Nach der Kartoffelernte trifft man sich mit Freunden, um die verschiedenen Kartoffelsorten zu verkosten!

Zwiebel *Allium cepa*, bergisch: „Öllich"

Bei Opa

Der Opa ist ein frommer Mann,
und liest in seiner Bibel.
Die Oma schneidet nebenan
fürs Abendbrot die Zwiebel.

Der Opa ist ein frommer Mann
und weint ob seiner Sünden.
Auch Omama weint nebenan,
jedoch aus andern Gründen.

Heinz Ehrhardt

Die Küchenzwiebel soll mit den Römern in unsere Region gekommen sein, bis dahin hat man hier Wildzwiebelarten genutzt.

   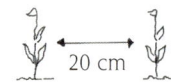

Die meisten Zwiebelsorten werden im April-Mai gesteckt und reifen bis zum Spätsommer, können aber bereits während des Wachstums ständig verwendet werden. Früher gebrauchte man auch häufig die grünen Zwiebelpfeifen, die „Öllichspiefen", wie man sie in unserer „Muttersprache" nennt.

Zwiebeln mögen sonnige, im Herbst gedüngte Beete. Die Gesellschaft von Möhren und Dill hält die Lauchmotte fern.

Je nach Sorte gibt es verschiedene Farben, Schärfegrade und Wuchsformen, z.B. Schalotten – eine Mutterzwiebel bildet ein Nest von Jungzwiebeln; oder Steckzwiebeln – eine kleine ergibt eine dicke Zwiebel. Dazu kommen noch einige mehrjährige Verwandte wie Winterhecke- und Etagenzwiebeln.

Wenn das verdorrte Laub flach liegt, sind die Zwiebeln erntereif. Sie müssen etwa zwei Wochen an einem luftigen, geschützten Ort im Freien nachtrocknen. Anschließend werden die losen Schalen entfernt und Zöpfe geflochten, die im Winter frostfrei aufbewahrt werden.

Tipp beim Zwiebelschälen:
Bevor die Zwiebel angefasst wird, nimmt man 2 Streichhölzer so in den Mund, dass die Schwefelköpfchen ca. 2 cm außen vor den Lippen sind. Dann gibt es keine Tränen.

„Eärpel und Öllichszauß" - Kartoffeln mit Zwiebelsoße

Gewürfelten Speck in der Pfanne auslassen, Lorbeerblatt, Zwiebelscheiben und Mehl darin anbräunen. Mit Wasser oder Milch ablöschen und würzen. Das Ganze 20 Minuten leicht köcheln lassen. Dazu schmecken Salzkartoffeln, Salat oder Rote Bete.

50 g durchwachsener Speck – gewürfelt
3 dicke Zwiebeln – in Scheiben
1 EL Mehl
Wasser oder Milch
Salz, Pfeffer, Lorbeerblatt

Omas Hustensirup

Zutaten zu einem Sirup kochen und bei Bedarf 1 TL stündlich einnehmen.

1 dicke geriebene Zwiebel
100 g Wasser
100 g Zucker

Die Zwiebel ist auch ein wirksames Naturheilmittel. Sie hilft rasch bei Infektionen, vor allem im Hals-, Nasen- und Mundbereich, fördert die Darmgesundheit und ein starkes Immunsystem. Leicht ergraute Damen versuchen mit Zwiebelschalen ihre braune Haarpracht zu retten, während der Osterhase damit wunderschöne rostrote Eier färbt. Kluge Gärtner stellen aus Schalen eine übel riechende Jauche her, die gegen Pilzkrankheiten, u.a. bei Kartoffeln und Tomaten hilft. Abends dünstet die Mutter Zwiebeln in Butter, damit der Vater ein kräftiges Herz bekommt und im Bett nicht nur müde ist. Sie selbst legt einige Zwiebelscheiben auf ihr schmerzendes Hühnerauge. Das weinende Kind bekommt eine frisch geschnittene Zwiebel auf den Wespenstich und kann bald wieder lachen.

Zwiebeln, lauter Zwiebeln

In unserem Garten gab es Steckzwiebeln und Schalotten. Für uns Kinder war es interessant, im Frühjahr die kleinen Zwiebelchen in den Boden zu stecken. Am nächsten Morgen lagen sie oft umgedreht und schief in der Reihe, sodass sie neu gesteckt werden mussten. Erst viel später erfuhr ich, dass übereifrige Regenwürmer dafür verantwortlich waren.
Sobald die Zwiebeln ihr Grün zeigten, wanderten die „Öllichspiefen" in den Salat. Schon im Sommer wurden die frischen Zwiebeln für ein Zwiebelbrot mit Maggi geerntet, das uns Kindern die Tränen in die Augen trieb. Es war trotzdem eine besondere Leckerei.
Bei solch einer Mahlzeit erzählte mir meine Tante von ihrem Schwager, der rohe Zwiebeln einfach wie Äpfel aß. In Gedanken stellte ich mir einen grimmigen, schwarzhaarigen Mann mit buschigen, dunklen Augenbrauen vor – und gruselte mich dabei.

Pastinake *Pastinaca sativa*

In Europa und Asien ist diese alte robuste Gemüseart beheimatet. Ihr Anbau war bis ins 18. Jahrhundert allgemein üblich, sie wurde dann aber von Kartoffel und Möhre verdrängt. Bei uns im Bergischen führt die leckere gesunde Wurzel ein Schattendasein.

Die Pastinake wird auch Hammelmöhre genannt. Die Verwandtschaft zu Petersilie und Möhre fällt auf, wenn man an Blättern und Wurzel reibt.

   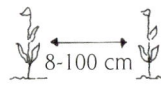

Die Pastinake stellt keine großen Ansprüche an Boden und Klima. Ausgesät wird sie ab März in Reihen. Beim Erscheinen des 4. Blattes sollten die Pflanzen auf 10 cm verzogen werden, um dickere Wurzel zu erhalten. Anfangs verwendet man die Blattspitzen in Suppe oder Salat. Die Wurzeln, für die sich auch die Wühlmäuse interessieren, können bis in den März hinein ausgegraben werden.

Im zweiten Jahr entwickelt sich eine gelb-grüne Doldenblüte. Jetzt kann man noch die Blätter als Suppenwürze verwenden und alsbald Saatgut für die Neuaussaat ernten.

Pastinaken bereichern jeden Speiseplan. Früher dienten sie im Winter als Schutz vor Skorbut, einer Vitamin-C-Mangelerkrankung. Nach frostigen Nächten wird der Zuckergehalt höher und der Geschmack intensiver. Als Frühlingsgemüse im Februar/März ist die Pastinake besonders geeignet, weil sie blutreinigend und harntreibend wirkt. Wegen ihrer Süße essen auch Kinder sie gerne in Eintöpfen. Ihre Samen beruhigen den Magen und wirken Blähungen entgegen.

Bereits die alten Römer rühmten die aphrodisierende Wirkung der Pastinake. Sie wurde in Honig gegart und als Leckerei verspeist. Ob sie ihren Zweck erfüllte?

Pastinakensalat

Pastinaken reinigen, in Scheiben schneiden und in Salzwasser weich kochen. Noch heiß mit den anderen Zutaten vermischen und gut durchziehen lassen.

1 *kg Pastinaken*
Öl, Essig, Pfeffer, Salz,
1 TL *Senf und Schnittlauch*
1 *Zwiebel*

Die unbekannte Wurzel

Anfang der 1980er Jahre besuchte ich bei einem Sri Lanka-Urlaub verschiedene exotische Märkte. Bei dem bunten Durcheinander fielen mir viele unterschiedliche Wurzeln auf. Da es mit der Verständigung etwas schwierig war, zeigte ich auf eine dicke, weiße, möhrenähnliche Wurzel, die mich interessierte. Leider verstand ich die Marktfrau nicht, bis hinter mir ein deutscher Tourist sagte: „Die gibt es doch auch bei uns, die heißen Pastinaken." Ich hatte den Namen noch nie gehört und fragte zuhause meine Mutter. Zur Antwort bekam ich: „Ach die, die gab es doch früher hier auch. Aber die brauchen wir nicht." Wahrscheinlich mochte sie keine Pastinaken; ich esse sie heute sehr gerne.

Rosenkohl *Brassica oleracea convar. oleracea var. gemmifera*
bergisch: „Roasenkoal, Sprüütchen",
kölsch: „Poppenkappesköppche"

Dieses wertvolle Herbst- und Wintergemüse gedeiht am besten bei kühleren Sommer- und wärmeren Herbsttemperaturen.

  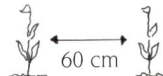

Im April aussäen, pikieren und nach ca. 6 Wochen ins Freiland pflanzen. Der „hungrige" Rosenkohl liebt regelmäßiges Wässern und Düngen mit Kompost und Pflanzenjauchen. Für eine Mulchdecke ist er dankbar.
Ende September wird der Gipfeltrieb gekappt, damit sich die Röschen besser entwickeln. Rosenkohl kann bis weit in den Winter hinein im Garten stehen. Je länger er draußen bleibt, umso besser schmeckt er. Oftmals ragen die Pflanzen noch aus dem Schnee, wenn das meiste Gemüse schon abgeerntet ist.

Allen Menschen, die an Antriebsarmut, Konzentrationsschwäche und mangelnder Vitalität leiden, sei der Rosenkohl empfohlen. Er verfügt über ungewöhnlich viel Vitamin C.

Der Gemüsewächter

Nachdem die Kaninchen der Bäuerin in der ersten kalten Nacht den Grünkohl mit Stumpf und Stiel aufgefressen hatten, schmiedete sie einen Rettungsplan für ihren Rosenkohl, denn ihn wollte sie auf jeden Fall selber essen. Sie hatte davon gehört, dass ein alter getragener Schuh im Garten die Mümmelmänner fern halten sollte. Ein alter Wanderschuh war schnell gefunden und wachte jetzt unter dem Rosenkohl. Wenn das nicht half, dann würde die Bäuerin sich selbst mit der Flinte auf die Lauer legen und es gäbe am anderen Tag „Hähnchen mit vier Beinen". – Doch, oh Wunder, die Kaninchen machten einen Bogen um das Gemüse. Auf den Tisch kam Rosenkohl und es gab kein „Hähnchen".

Als Kind mochte ich den Geruch und Geschmack von Rosenkohl überhaupt nicht. Heute im Alter esse ich ihn wie eine Delikatesse. So ändern sich die Zeiten.

Die Kohlfamilie s. Herbst

Grünkohl

Grünkohl oder „Kruuskoal" ist ein typischer Winterkohl, der erst durch Frosteinfluss seinen leckeren Geschmack bekommt.

     Anbau wie Rosenkohl

Grünkohl kann den ganzen Winter geerntet werden. Früher galt er als „Arme-Leute-Essen". Heute wissen wir, dass er unser gehaltvollstes Gemüse ist. Seine Vitamine, die beim Kochen fast vollständig erhalten bleiben, sorgen für den Schutz unserer Zellen und eine Vitalisierung des ganzen Körpers. Da er auch sehr reich an Ballaststoffen ist, wird durch seinen Genuss der Darm entgiftet und Verstopfung beseitigt.

Umsonst gewartet

Der Winter nahte und auf einem Beet im Garten stand noch der Grünkohl, dick, kräftig und gesund. Seit ein paar Tagen hatte die Mutter in der Speisekammer geräucherte Mettwürstchen liegen, für den Grünkohl-Eintopf. Sie wartete aber noch auf eine gute frostige Nacht, weil der Winterkohl danach erst richtig lecker schmecken würde. Alle freuten sich schon. Bald würde es soweit sein, den ersten Raureif hatte es schon gegeben und es konnte nicht mehr lange dauern, bis der dampfende Eintopf auf dem Tisch stehen würde.
Eines Morgens wurde Mutter wach. Am Fenster waren dicke Eisblumen und draußen war alles hart gefroren. Heute wollte sie den Grünkohl ernten, wenn die Sonne am Vormittag alles wieder ein wenig angetaut hätte.
Mit zwei Drahtkörben und einem großen Messer bewaffnet ging Mutter in den Garten. Doch, oh Schreck! Wo war der Grünkohl? Hatte er über Nacht Beine bekommen? Bei genauerem Hinschauen sah sie viele Wildspuren auf dem Boden. Rund um die Pflanzen war alles platt getreten, nur einige angefressene Blätter hingen noch an den kahlen Pflanzenstrünken.
Welche Enttäuschung! Die Kaninchen hatten sich eine Kohlmahlzeit gegönnt und bei uns gab es Kartoffelbrei – mit Mettwurst.

Die Kohlfamilie s. Herbst

Porree – Lauch, Winterlauch *Allium porrum*

Der Porree stammt aus dem Mittelmeergebiet. Wahrscheinlich ist er mit den römischen Soldaten in unsere Gefilde gekommen. Bei uns gibt es den sehr aromareichen Sommerporree, der frühzeitig geerntet wird und den Winterporree, der, je nach Sorte, Frost vertragen kann und durch sein blau-grünes Laub auf den sonst schon abgeernteten Beeten auffällt.
Alle Sorten haben lang gezogene Blätter, die schlauchförmig einen weißen Schaft umfassen. Lässt man eine Porreepflanze bis zum nächsten Jahr stehen, wird sie im Mai-Juni eine herrliche weiße Kugelblüte schieben.

   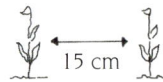

Porree liebt das regenreiche Bergische Land, weil er keine Trockenheit verträgt.

Die Jungpflanze in eine frisch gezogene Furche pflanzen, in die man noch etwas Kompost gibt. Hierbei kürzt man Blätter und Wurzeln etwas ein, damit das Anwachsen leichter geht. Im Laufe der Wachstumszeit wird nach und nach die Furche zugeharkt und schließlich werden die Pflanzen sogar angehäufelt, damit sie schöne lange weiße Schäfte bekommen. Gießen bei Trockenheit und Nachdüngen, z.B. mit Brennnesseljauche, sorgen für gutes Gedeihen.

Der Porree wird frisch aus dem Garten verwendet, außerdem kann man ihn einfrieren oder für Suppengrün trocknen.

Viele Menschen nehmen Porree nur zum Suppekochen. Sie verkennen diese wertvolle Gemüse- und Heilpflanze. Das würzige Lauchöl entfaltet seine antibakterielle Wirkung über die ableitenden Harnwege. Für viele Menschen mit Magen-Darm-Problemen sollte er ein „Pflichtgemüse" sein, denn er räumt mit schädlichen Bakterien und Pilzen auf. Seine besonderen Spurenelemente helfen nicht nur dem Immunsystem, sondern auch der sexuellen Lust auf die Sprünge.

Tipp
Lästige Zwiebelfliegen und Lauchmotten können einem Gärtner die Freude am Porree verleiden, denn bei Befall findet man kleine Würmchen in den Blättern oder im weißen Schaft. Mulchen mit Tomatenblättern oder stark duftende Kräuter wie Lavendel, Rainfarn, Ysop sollen die Schädlinge vertreiben, sodass sie lieber in Nachbars Garten fliegen, der nicht so schlau ist. Gemüsenetze sehen nicht attraktiv aus, sie schützen aber!

Gärtnerpflaster

Da auch Gärtner und Gärtnerinnen an Krampfadern und – da spricht man selten drüber – an Hämorrhoiden (so genannten „Südpolrosetten") leiden, nun ein besonderes Rezept:

Man nehme 1-2 EL klein gehackte, saftig grüne Porreeblätter oder bearbeite ein dickes grünes Blatt, bis Saft austritt, gebe es in ein kleines Leinen- oder Baumwollsäckchen (Herrentaschentuch tuts auch) und lege es in der Nacht auf die Hämorrhoiden (also zwischen den Pobacken einklemmen! Aber Achtung, es kann brennen!) oder auf die entzündete Krampfader. Oft bessert sich das Problem schon in einer Nacht.

Mit Speck umwickelte Lauchstangen

Die Lauchstangen werden in 10 cm lange Stücke geschnitten und in Salzwasser kurz abgekocht. Anschließend, nachdem jedes Stück mit einer Scheibe Speck umwickelt wurde, kommt das Gemüse in eine Pfanne mit Butter, um weiter gegart zu werden. Der Speck wird dabei gebräunt und alles bekommt einen wunderbaren Geschmack.

*Lauchstangen
dünne Scheiben durchwachsener Speck
etwas Butter*

Sauerkraut

Sauerkraut ist ein wahrer Gemüseschatz. Unsere Vorfahren schützte es im Winter vor Mangelernährung und bis heute ist es als Schönheitsmittel und Medizin, u. a. für Nerven, Knochen und Immunsystem unentbehrlich.

> Rezept für die Schönheit - **Sauerkrautmaske**
>
> 4 EL rohes ungekochtes Sauerkraut (nicht aus der Dose) werden im Gesicht verteilt. Vorsicht, es fällt schnell herunter! Am besten legt man sich dabei hin. Das Kraut entgiftet die Haut und macht sie ganz weich. Nach ca. 10-15 Minuten alles abnehmen, das Gesicht kalt abwaschen und bei trockener Haut ein paar Tropfen Mandelöl auf dem noch feuchten Gesicht verteilen. Achtung: Das Kraut anschließend nicht essen, da es die Giftstoffe aus der Haut aufgenommen hat!

Das Sauerkraut-Geschenk

Großtante Lina lebte bis in die 1970er Jahre auf ihrem Bauernhof noch wie früher. Außer ein paar Hühnern hielt sie zwar keine Tiere mehr, aber sie hatte ihren Garten und verwertete nach Möglichkeit alles, denn ihr geiziger Mann hielt sie stets zur Sparsamkeit an. Als Selbstversorgerin hatte Tante Lina immer schon ihr eigenes Sauerkraut eingelegt. Eines Tages wollte sie uns nach einem Besuch wohl etwas Gutes tun und holte eine Portion „Suuren Kappes" herauf. Sie hatte mit der bloßen Hand in den Steinguttopf gegriffen, kam mit dem triefenden Kraut aus dem Keller und klatschte es „liebevoll" in eine Plastikschüssel. Leider war Lina nicht die Reinlichste und das Sauerkraut war verdorben. Es stank zum Himmel! Aber meine Eltern waren höflich und nahmen das gut gemeinte Geschenk ohne Widerspruch entgegen. Auf der Heimfahrt im Auto wurde der Gestank des faulenden Kohls aber so unerträglich, dass wir anhielten und das „gute Sauerkraut" in den Straßengraben kippten. Wir hätten es sowieso nicht essen können.

Die Kohlfamilie s. Herbst

Sauerkraut gestampft

Als Kinder mussten wir in der frisch geschrubbten Waschküche Sauerkraut stampfen. Vorher wurden unsere Füße sehr gründlich gewaschen. Vater und Mutter zerkleinerten den Weißkohl und gaben die dünnen Streifen mit Salz in die Fässer. Mein Bruder und ich stampften um die Wette, bis der Schaum zwischen den Zehen hervorquoll. Obwohl es eine anstrengende Arbeit war, machte es großen Spaß und wir hatten einen guten Wintervorrat.

Eigenes Sauerkraut in handlichen Portionen

Den Kohlkopf teilen, vom Strunk befreien und in feine Streifen schneiden, je dünner desto besser. 1 Kilo Weißkohl wird abgewogen und in der Schüssel mit 1 Teelöffel (10 g) Meersalz bestreut. Jetzt geht die Arbeit richtig los: Den Kohl so lange kneten, bis er weich wird und Saft austritt. Anschließend das Kraut in ein oder mehrere Gläser drücken bis keine Luftblasen mehr im Glas zu sehen sind. Die Füllhöhe reicht bis ca. 2 cm unter den Rand, weil bei der anschließenden Gärung der Saft noch steigt. Nach dem Verschließen werden die Gläser auf eine saugfähige Unterlage gestellt und mit einen Handtuch bedeckt, damit kein Staub an die Gläser kommt. Ca. 5-7 Tage bleiben die Gläser bei 20-24°C in der Küche stehen. Ab und zu zischt es – das ist die Gärung! Und es stinkt auch ganz gut – das ist der Schwefel aus dem Kohl! Am 1., 2. und 3. Tag werden die Gläser 1-mal täglich „gelüftet", d.h. die Gase werden vorsichtig heraus gelassen. Es zischt und manchmal strömt auch Saft heraus. Der Deckel wird sofort wieder geschlossen, damit er sich bei nachlassender Gärung zuziehen kann. Nach 1 Woche gehören die Gläser in den Keller, nach 4 Wochen ist das Sauerkraut fertig! Guten Hunger!

1 Weißkohl, aus dem eigenen Garten oder dem Bioladen
Meersalz
frisch gespülte Schraubgläser (Singleportion 100 ml, Familienportion 500 – 1000 ml)
1 sauberes Schneidebrett
1 scharfes Messer oder einen Gemüsehobel
1 große Schüssel
1 sauberes Küchenhandtuch

Weiße Bohnen (getrocknet) bergisch: „Wieße Bunnen"

Weiße Bohnen sind etwas Feines. Leider ist das Wissen über ihre Zubereitung fast ganz verloren gegangen. Früher war die Arbeit auf dem Land sehr viel anstrengender als heute. Es gab selten Fleisch zu essen, deshalb brauchten die Menschen im Winter getrocknete Hülsenfrüchte als nahrhafte Energiespender. Ein beliebtes bergisches Gericht aus dieser Zeit ist z.B. Sauerkraut mit weißen Bohnen.

Im Garten lässt man die Hülsenfrüchte ausreifen, bis die Schoten gelb-braun sind. Im Spätherbst werden die Früchte zum Nachtrocknen ins geheizte Zimmer geholt.

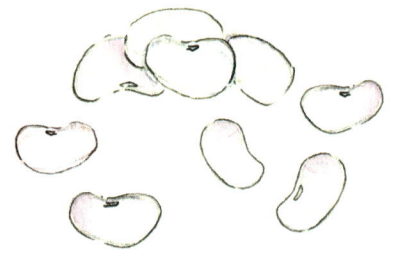

Salat aus weißen Bohnen

375 g weiße Trockenbohnen werden 12 Stunden in 1 Liter Wasser eingeweicht und anschließend ca. 2 Stunden lang geköchelt, bis sie schön weich sind. Die abgekühlten Bohnen werden mit einer fein gewürfelten Zwiebel und Schnittlauchröllchen vermischt. Als Salatsauce nehmen wir etwas Mayonnaise, Milch, Essig, Salz und Pfeffer und lassen den Salat 2 Stunden durchziehen.

Reife Bohnen hingen über dem Herd

Wenn der Herbst nahte, wurden die Beete abgeräumt und die allerletzten Bohnen geerntet. Einige Schoten waren schon an der Stange getrocknet, andere mussten nachreifen und das geschah über dem Ofen in der Küche. Großmutter fädelte jede Bohnenhülse mit einer dicken Stopfnadel auf einen Baumwollfaden. Lange Schnüre hingen dann vor dem Fenster und über dem alten Küchenofen.
Anfang November waren die Bohnen trocken und konnten „gepult" werden. Die Kerne wanderten in einen Baumwollsack, das „Stroh" diente einige Zeit zum Feuer anzünden.
Der schwere, gefüllte Baumwollsack wurde auf dem Speicher aufgehängt, so dass die Mäuse ihn nicht erreichen konnten.
Für uns Kinder war es immer ein schönes Gefühl, die Bohnen in dem Sack zu ertasten. Sie fühlten sich so weich, rund und geschmeidig an, besonders, wenn der Sack etwas leerer wurde. Wo kann man heute noch in Bohnen wühlen?

Bohnen s. Sommer

Trockenerbsen

Trockenerbsen wurden wahrscheinlich schon vor 9000 Jahren zu Mehl gemahlen und als Brei gegessen. Vor der Erfindung der Kühltruhe und der Konservendose war Trocknen die einzige Möglichkeit, um Erbsen haltbar zu machen.

Beim „Döppen" wurden die trockenen Körner aus der Hülse gepult und anschließend im Kopfkissenbezug mäusesicher und trocken auf dem Dachboden aufgehängt. Ein kleiner Teil wurde als Saatgut für das nächste Jahr verwahrt, der Rest meist in Form von Erbsensuppe verspeist.

Als uralte Kulturpflanze ist die Erbse auch in den Sagen und Märchen zu finden, so z.B. in dem zauberhaften Gedicht „Die Heinzelmännchen zu Köln"(Auszug):

> „Neugierig war des Schneiders Weib und macht` sich diesen Zeitvertreib:
> Streut Erbsen hin die andre Nacht. Die Heinzelmännchen kommen sacht;
> eins fährt nun aus, schlägt hin im Haus, die gleiten von Stufen und plumpsen in Kufen,
> die fallen mit schallen, die lärmen und schreien und vermaledeien!"
>
> August Kopisch, 1836

Die Erbsensuppe

Für ein großes Sommerfest auf dem Hof waren 200 Gäste geladen, die mit einer Erbsensuppe beköstigt werden sollten. Freitagmorgen wurden die Erbsen eingeweicht, nachmittags saßen wir Frauen im Garten und schippelten jede Menge Kartoffeln und Suppengemüse, alles frisch aus unseren Gärten. Abends kamen die Suppentöpfe, nach einer begeisterten Kostprobe unser Männer, in den kalten Keller. Nachts gab es ein Gewitter, aber morgens war es wieder schön, echtes Festwetter!
Vormittags nahm ich den ersten Kessel, um die Suppe für das Mittag aufzuwärmen. Ruck zuck war sie warm … aber wie roch die denn? Dann fing die Suppe auch noch an zu schäumen!
Die Suppe war sauer geworden – die ganze Arbeit war umsonst. Doch draußen warteten die hungrigen Gäste und es musste etwas zu Essen her!
Anstatt der angekündigten Erbsensuppe wurde kurzerhand eine Gemüsesuppe fabriziert. Gegen 20 Uhr waren wir mit dem Kochen fertig – und mit den Nerven auch. Es wurde trotz allem ein gelungenes Fest. Seitdem kochen wir nur noch an kühlen Tagen Erbsensuppe.

Erbsen s. Sommer

Pflanzenansprüche

Pflanzen, die ideale Bedingungen für ihr Wachstum vorfinden und in richtiger Dosierung Licht, Wasser und Dünger erhalten, entwickeln sich kräftig; sind widerstandsfähig gegen Schädlinge und Krankheiten und bringen die erwünschte Ernte.

Standortansprüche und Wasserbedarf

Pflanzen brauchen Licht zum Wachsen. Doch nicht alle benötigen oder vertragen die volle Sonne. Je nach Herkunft, bevorzugen sie einen halbschattigen Standort.

Ohne Wasser wächst keine Pflanze, doch es kommt auf die Dosis an. Vor allem nach der Aussaat benötigen sie Wasser, damit die Samen keimen können. Auch nach dem Auspflanzen von Jungpflanzen ist gießen notwendig, damit sich die Wurzelzwischenräume mit Erde ausfüllen und die Pflanze gut anwächst.

Normalerweise regnet es hier im Bergischen genug, so dass während des Sommers nicht extra gegossen werden muss. Aber in Extremjahren, wie z.B. 2003, kommen die Pflanzen auch mal in Bedrängnis und brauchen u. U. zusätzliche Wassergaben.

Manche Pflanzen benötigen vor allem regelmäßig Wasser, wie z.B. Gurken und Tomaten, die sonst bitter werden oder aufplatzen. Da sie in der Regel im Gewächshaus oder unter einem Dach kultiviert werden, sind sie auf die Gießkanne angewiesen.

Gurken Seite 43

Nährstoffbedarf und Bodenansprüche

Besonders wichtig ist die Nährstoffversorgung. Die Pflanzen werden in Stark-, Mittel und Schwachzehrer unterteilt:
Starkzehrer: höchster Nährstoffverbrauch, z.B. alle Kohlsorten.
Mittelzehrer: mittlerer Nährstoffbedarf, z.B. Möhren, Radieschen, Kartoffeln.
Schwachzehrer: niedriger Nährstoffansprüche, z.B. Erbsen, Salat, Bohnen.

Die Nährstoffe werden der Pflanze meist über den Boden zugeführt. Wenn der Boden die Nährstoffansprüche nicht erfüllt, kann er durch entsprechende Zugaben verbessert werden. Vorbereitende Maßnahmen: Einsaat von Gründung oder Einarbeitung von Mist im Vorjahr. Während des Wachstums: Pflanzenjauche und Kompostgaben erhöhen den Nährstoffgehalt kurzfristig.

Der lehmige bergische Boden kann sehr viel Wasser aufnehmen und „festhalten". Da viele Pflanzen keine Staunässe vertragen, ist eine gute Wasser-Durchlässigkeit des Bodens wichtig. Durch tiefgründiges Auflockern und das Einarbeiten von Sand kann Staunässe verringert werden.

Pflanzabstand und Bodenbearbeitung

Jede Pflanze hat einen gewissen Platzbedarf. Zu eng gesät oder gepflanzt, entwickeln sie sich nicht gut, kümmern und bringen wenig Ernte, z.B. Möhren. Hier werden die zu dicht stehenden Pflanzen „verzogen", d.h. ausgezupft.
Andere Pflanzen müssen eng stehen, um kräftig auszutreiben und dichtes Blattwerk zu bilden, z.B. Rübstiel.

Ebenfalls sehr wichtig ist die Bodenbearbeitung. Fast alle Gemüse benötigen offenen Boden, d.h. sie mögen keine Konkurrenz „um die Füße", die ihnen Nährstoffe und Licht wegnehmen. Es sollte daher regelmäßig gehackt und gejätet werden.

Wurzelgemüse benötigen einen tiefgründig aufgelockerten Boden.

Gartengrundwissen

Abhärten: Jungpflanzen, die im Frühjahr unter Glas gesät wurden, werden langsam an die Außentemperaturen gewöhnt. Nicht abgehärtete Pflanzen können einen Wachstumsschock erleiden.

Anhäufeln: Die Erde wird rings um die Pflanze hochgezogen, so dass ein kleiner Damm entsteht. Dies kann in einem Arbeitsgang mit dem Durchhacken und Jäten geschehen, drei- bis viermal im Laufe der Wachstumsperiode. Es schützt die Wurzeln, belüftet den Boden, fördert die Wurzelbildung und erhöht die Standfestigkeit. Diese Pflanzen mögen das Anhäufeln: Bohnen, Erbsen, Kartoffeln, Kohlrabi, Lauch, Sellerie und Tomaten.

Ausdünnen: auch verziehen, vereinzeln. Bei Pflanzen die zu dicht stehen, werden einzelne Pflanzen aus dem Boden gezogen. Die haben dann genügend Platz zum Wachsen. (Möhren, usw.)

Bodengare/Frostgare: früher war es üblich, den ganzen Nutzgarten spatentief umzugraben. Der Frost ließ den Boden verwittern und sorgte für eine feinkrümlige Bodenstruktur. Nach heutigen Erkenntnissen ist dies ein schwerwiegender Eingriff in das Bodenleben, da die Bodenschichten vertauscht werden. Es ist besser, den Boden mit dem Sauzahn oder Kultivator aufzulockern.

Bohnenstangen: Bohnenstangen werden im Bergischen meist aus jungen Fichtenstämmen gemacht, die zu eng stehen und beim Durchforsten anfallen. Die Stämme sollten mindestens 4 m lang sein und von der Rinde befreit. Am unteren Ende werden sie „angespitzt", damit man sie besser in den Boden stoßen kann.

Brennnesseljauche: ein dickes Bündel Brennnesselpflanzen (grob zerkleinert) in 50 Liter Wasser geben und ca. 14 Tage stehen lassen. Dabei häufiger umrühren und unbedingt abdecken, da die Geruchsbelästigung sehr stark ist. Gedüngt wird mit einer Lösung aus 1 L Brennnesseljauche auf 10 L Wasser.

Fruchtwechsel: Viele Pflanzen sind mit sich selbst und ihren Verwandten unverträglich, d.h. sie dürfen im folgenden Jahr nicht auf das gleiche Beet gepflanzt werden, auf dem im Vorjahr Pflanzen der gleichen Familie wuchsen. Dazu gehören z.B. Kohlpflanzen und Hülsenfrüchte. Anbaupausen von 3-7 Jahren sind empfehlenswert.
Ein Fruchtwechsel ist aber auch für andere Gartenpflanzen wichtig, da sie unterschiedliche Nährstoffansprüche haben. Es gibt Schwach-, Mittel- und Starkzehrer, (s. Pflanzenansprüche). Auf einem mit Mist angereicherten Beet beginnt man mit dem Anbau von Starkzehrern, danach finden die Mittelzehrer dort noch genug Nahrung und zum Schluss werden Schwachzehrer auf das Beet gepflanzt.
Ein weiterer wichtiger Grund, das Beet zu wechseln, sind auch Pflanzen- oder Bodenkrankheiten. Wird die Frucht gewechselt, können Krankheitskeime nicht überleben.

Frühbeet: (kaltes Frühbeet) ein mit Glas oder Folie abgedecktes Beet zur Anzucht von Jungpflanzen. (Warmes Frühbeet, s. Mistbeet)

Gründüngung: Nachdem das Gemüse abgeerntet ist, kann Gründüngung, wie z.B. Phazelia oder Senf eingesät werden. Dadurch ist der Boden bewachsen und nicht der Witterung ausgesetzt. Wenn die Pflanzen im Winter abfrieren, bedecken sie alles mit einer schützenden Schicht und geben ihre Nährstoffe an den Boden ab. Gründüngung kann auch untergegraben werden. Sie verbessert in jedem Fall den Boden. Mehr Infos in den empfohlenen Fachbüchern.

Hochbeet: Hochbeete bieten eine bequeme Arbeitshöhe, das Bücken entfällt. Im Alter kann dass eine sinnvolle Lösung sein, um etwas Gemüse anzubauen und sich in der Natur zu bewegen. Im Hochbeet sind die Erträge auch etwas höher, da sich die erhöhten Beete stärker erwärmen.

Humus: die oberste fruchtbare Bodenschicht.

Hühner im Garten: Sie vernichten während des Winters viele Schneckeneier, indem sie überall den Boden aufkratzen und picken. Im Sommer sollten die Hühner den Garten nur von außen sehen. Dann freuen sie sich über die Grünabfälle. Auch verarbeiten sie das Herbstlaub zu herrlichem Humus.

Jäten: Unkraut, möglichst mit Wurzel, aus dem Boden entfernen, da es das Wachstum der Kulturpflanzen behindert.

Kompost: erspart die Biotonne. Aus den pflanzlichen Abfällen von Küche und Garten wird der Kompost hergestellt. Das Material verrottet, z.B. in speziellen Kompostbehältern und wird nach einiger Zeit zu nährstoffreicher wertvoller Gartenerde.

Kraut- und Knollenfäule: eine Pilzkrankheit, die Kartoffeln und Tomaten bei feuchtwarmem Wetter befällt, s. Fachbuch.

Lagermöglichkeiten:
Erdkeller: Ein Kellerraum mit Lehmboden und lehmverputzten Wänden, zum Einlagern von Obst und Gemüse im Winter.
Miete: Ebenfalls frostfrei wird Gemüse während des Winters in so genannten Mieten gelagert. Dazu wird eine kleine Grube ausgehoben, mit der Ernte befüllt und mit Stroh und Erde abgedeckt.
Aus Erdkeller und Miete kann während des Winters immer wieder frisches Gemüse geholt werden.

Laufenten: eine spezielle Entenart, die Schnecken frisst. Ohne Aufsicht gehen sie allerdings gerne auch an den Salat und andere leckere Gemüse.

Mischkultur: Bestimmte Gemüse und Kräuter schützen sich gegenseitig vor Schädlingen und Krankheiten und fördern das Wachstum des Nachbarn, s. Fachbuch.

Mistbeet: (warmes Frühbeet) ein Anzuchtbeet für Jungpflanzen, das tief ausgehoben und mit Pferdemist und Gartenerde wieder angefüllt wird. Beim Verrotten des Mistes entsteht Wärme, die das Gemüse auch bei kalten Außentemperaturen bereits wachsen lässt.

Mulchen: das Aufbringen einer Schicht aus zerkleinerten Pflanzenteilen, wie z. B. Stroh oder Rasenschnitt auf dem aufgehackten Boden, zwischen und um die Gemüsepflanzen.
Vorteile des Mulchens: Es fördert das Bodenleben und den Humusaufbau, unterdrückt Unkräuter, schützt den Boden vor Austrocknung und Verschlämmen (bei Starkregen), reguliert die Bodentemperatur und fördert die Bodenfruchtbarkeit. Man muss weniger gießen und jäten. Die Mulchschicht zersetzt sich langsam und wird von Regenwürmern in den Boden gezogen. Bei trockener Witterung ist unter einer Mulchschicht das Bodenleben immer noch aktiv, da es dort feucht bleibt.
Nachteil: Die Mulchdecke kann auch zum Schneckenversteck werden!

Nistkästen/Nisthilfen: Um Vögel, Fledermäuse, Wildbienen und Hummeln im Garten anzusiedeln, werden Nistmöglichkeiten aufgehängt. Im artenreichen Garten herrscht ein natürliches Gleichgewicht zwischen Schädlingen und Nützlingen. Man kann Nisthilfen kaufen oder selber bauen, s. Bezugsquellen.

Nützlinge: Tiere, die im Garten „mithelfen", z.B. Regenwürmer (lockern den Boden), Marienkäfer (vernichten Blattläuse), Vögel (vertilgen Raupen und Läuse), Igel (fressen Schnecken) oder Wildbienen (bestäuben die Pflanzen).

Pflanzenjauche: wird wie Brennnesseljauche angesetzt. Es werden nur verschiedene Kräuter dazu genommen, s. Fachbuch.

Raupen: Larven der Schmetterlinge. Nur wenige Raupen richten im Garten Schaden an, z.B. die Kohlweißlinge. Sie lassen sich absammeln und brauchen keine große Bekämpfungsaktion.

Regenwürmer: sind die Heinzelmännchen der Erde. Sie ernähren sich von abgestorbenen Pflanzenteilen und verbessern damit den Boden.

Saatbeet: Es dient zur Aufzucht von Jungpflanzen und bedarf dadurch einer größeren Aufmerksamkeit. Unkräutern sollte hier keine Chance gegeben werden.

Samen/Saatgut: wenn Pflanzen blühen und ausreifen dürfen, können Samen geerntet werden. Diese werden benötigt, um sie im nächsten Jahr auszusäen. Früher war es selbstverständlich, dass einige Kulturpflanzen blühen durften, damit sicherte man sich das Gemüse für das kommende Jahr.

Schädlinge: Tiere, die sich von Gartenpflanzen ernähren. Blattläuse, Schnecken und Mäuse sind nur einige „Mitesser" im Gemüsebeet. Sie können beträchtlichen Schaden anrichten. Doch sollte niemals zur Giftspritze gegriffen werden. Meistens genügen natürliche Mittel, um Einhalt zu gebieten.

Umgraben: s. Bodengare/Frostgare, s. Winterabdeckung

Unkraut: Die so genannten Beikräuter sind unerwünschte Wildpflanzen, die das Gemüse unterdrücken können, wenn sie nicht entfernt werden. Sie haben ihren Platz in der Natur und viele bereichern auch den Speiseplan, aber im Gemüsebeet können wir sie nicht gebrauchen.

Vereinzeln: s. ausdünnen

Verziehen: s. ausdünnen

Kürbis Seite 85

Vorquellen: Bohnen- und Erbsensamen keimen leichter, wenn man sie über Nacht in Wasser einweicht und vorquellen lässt.

Winterabdeckung: Beete, die im Winter z. B. mit Laub abgedeckt werden, bleiben unkrautfrei und das Umgraben bleibt meist erspart, da der Boden locker bleibt. Im Frühling kann, nachdem die Abdeckung entfernt wurde, sofort gesät und gepflanzt werden, s. Bodengare.

Vorkultur, Saatgutgewinnung & Vermehrung

Vorkultur

Warum Pflanzen vorziehen?
Pflanzen werden in erster Linie vorgezogen, damit man früher ernten kann. Viele unserer Gartenpflanzen, z.B. Kürbis oder Tomate, sind frostempfindlich und keimen erst ab 20 Grad Bodentemperatur. Im Warmen vorgezogen, können sie nach den „Eisheiligen", also Mitte Mai ins Freiland gepflanzt werden. Würde man sie zu diesem Zeitpunkt erst aussäen, könnte man unter Umständen erst ab Ende September ernten.
Ein weiterer Grund ist die Schneckenplage. Frisch gekeimte Jungpflanzen stehen ganz oben auf dem Speiseplan der schleimigen Gesellen, so dass man oft gar keinen Erfolg mit der Aussaat im Freiland hätte. Auch die Jungpflanzen müssen nach dem Auspflanzen noch vor den verfressenen Weichtieren geschützt werden.
Nicht zuletzt haben Sie die freie Sortenwahl, wenn sie selbst Jungpflanzen vorziehen und sich nicht auf das meist beschränkte Angebot der Gartenmärkte verlassen möchten. Tauschbörsen bieten zwar mehr Sortenauswahl, doch oft ist die spezielle Wunschsorte nicht dabei.

Alternative zu Voranzucht:
Wer keine Möglichkeit zur Vorkultur hat, kann sich bei freundlichen Nachbarn oder auf Tauschbörsen, Märkten und in Gärtnereien Jungpflanzen besorgen.

Grundlagen für die Voranzucht von Jungpflanzen:
Für die Vorkultur benötigt man einen warmen hellen Platz, z.B. ein Gewächshaus oder Wintergarten. Manchmal reicht auch ein heller Raum im Haus. Das Licht ist maßgeblich für den Erfolg. Wenn die Jungpflanzen zu dunkel stehen, recken sie sich nach dem spärlichen Licht und bekommen „lange Hälse", so genannte Geiltriebe. Diese Pflanzen sind schwächlich und anfällig.
Bei ausreichend Licht wachsen die Pflanzen langsam und gleichmäßig, sie bilden kräftige gesunde Stängel und Blätter.
Geeignete Saatschalen mit Abdeckhaube erzeugen eine Art Gewächshausklima mit hoher Luftfeuchtigkeit und fördern die Keimung der Samen.
Eine gute Belüftung ist hierbei jedoch notwendig, da bei zu feuchtem Klima Fäulnis und Schimmel auftreten können. Direkte Sonneneinstrahlung ist für die jungen Blättchen nicht zuträglich, sie können verbrennen.

Aussaat
Die meisten Pflanzen sind Dunkelkeimer. Ihre Samen werden in die Erde gesteckt und leicht damit bedeckt. Ausnahme: Die Samen von Lichtkeimern werden nur auf die Erde gelegt und angedrückt. Dies ist aber immer auf der Samentüte vermerkt.

Bewässerung
Um die Samenkörner nicht aus der Erde zu schwämmen ist es anfangs sinnvoll, eine Sprühflasche zu benutzen, um die Erde zu befeuchten. Die Erde sollte nie austrocknen, aber auch nicht zu nass sein, sonst faulen die Samen.

Pikieren
Zuerst erscheinen die kleinen Keimblätter und wenige Zeit später bildet sich das zweite Blattpaar. Nun wird es Zeit, die Jungpflanzen zu vereinzeln, das nennt man auch pikieren. Jedes Pflänzchen wird nun mit größerem Abstand in eine größere Saatschale gesetzt oder direkt in ein einzelnes Töpfchen.

Auspflanzen
Robuste Pflanzen, z.B. Kohlrabi, werden auf das vorgesehene Beet gepflanzt, wenn sie das 3.-4. Blatt gebildet haben.
Die frostempfindlichen Pflanzen, wie z.B. Tomate, Kürbis, werden ab Mitte Mai, nach den so genannten Eisheiligen ins Freiland gepflanzt.
Anfangs sollte man regelmäßig gießen, damit die Pflanze angeregt wird, längere Wurzeln zu treiben und anwächst. In dieser Zeit ist es auch sehr wichtig, die Schnecken von den Jungpflanzen fernzuhalten. Wenn die Pflanze am neuen Standort gut angewachsen ist und kräftiger wird, verlieren die Plagegeister meist das Interesse daran. Bei verschiedenen Kürbissorten vergreifen sie sich jedoch auch sehr gerne an den Blüten!
Die meisten Jungpflanzen, insbesondere Tomaten, setzt man etwas tiefer und ein wenig schräg in die Erde, dann bewurzeln sie sich stärker, nehmen Nährstoffe und Wasser besser auf und wachsen kraftvoller.

Überschüsse
Meist enthält eine Samentüte mehr Samen, als man für den Eigenbedarf benötigt. Wenn Sie mehr Jungpflanzen haben, als sie selbst brauchen, können Sie die Überschüsse an ihre Nachbarn verteilen oder auf einer Tauschbörse anbieten. Dort erhalten Sie im Tausch andere interessante Pflanzen für Ihren Garten. Außerdem finden Sie viele Gesprächspartner zum Erfahrungsaustausch, s. Bezugsquellen.

Saatgutgewinnung & Vermehrung

Oberstes Gebot bei der Saatgutgewinnung: Auch wenn es noch so gut schmeckt, nicht alle Pflanzen aufessen, damit noch Samen für das nächste Jahr geerntet werden kann.

Für unsere Großeltern war es noch überlebenswichtig, das Saatgut für das nächste Jahr trocken und heil über den Winter aufzubewahren. Es gab keine Geschäfte, die erschwingliches Saatgut verkauften. Heute haben wir es viel leichter.
Doch die „altmodische" Methode, von den eigenen Pflanzen Saatgut zu nehmen, um es im nächsten Jahr wieder auszusäen, ist aktueller denn je. Wir bewahren auf diese Weise unser grünes Erbe und tragen zur Erhaltung der Artenvielfalt in unseren Gärten bei.

Saatgut sollte nur von sortenechten Pflanzen gewonnen werden. Von Hybrid-Pflanzen, erkennbar an der Kennzeichnung F1 oder F2, sollte man kein Saatgut nehmen, denn es bringt nicht die gewünschte Pflanze hervor, sondern eine der Sorten, die zur Züchtung verwendet wurde.

Wie vermehre ich Pflanzen?
Samen (generativ) oder Ableger/Abstiche (vegetativ)
Unsere Gemüsepflanzen vermehren sich überwiegend über Samen (wie z. B. Erbsen), seltener über Ableger (z.B. Rhabarber). Manche Pflanzen können nach beiden Methoden vermehrt werden. Danach müssen wir uns bei der Vermehrung von Pflanzen richten.

Einjährig, zweijährig, mehrjährig/Staude
Die einjährigen Pflanzen bilden Blüten die kurz nach der Befruchtung zu „Früchten" reifen, z. B. Bohnen. Wir verzehren diese Früchte und trocknen einen kleinen Teil davon als Samen, um sie als Saatgut für das nächste Jahr zu bewahren.

Andere Einjährige bilden Blattwerk, was wir verzehren, z.B. Kopfsalat und Melde. Wenn wir es nicht rechtzeitig ernten, bilden sich kurz darauf Blüten und Samen.

Viele Gemüse sind einjährig, d.h. sie keimen, blühen und bilden Samen im gleichen Jahr. Manche Gemüse werden bei uns nur einjährig angebaut, weil sie keinen Frost vertragen und im Winter absterben. In frostfreien Regionen können z. B. Tomaten, Bohnen und Paprika über mehrere Jahre fruchten.

Zweijährige Gemüse bilden im ersten Jahr Früchte, Wurzeln, Knollen oder Blattwerk aus und blühen erst im zweiten Jahr, wie z.B. alle Kohlsorten, Sellerie, Mangold. Daher muss man einige Pflanzen über Winter stehen lassen, um im zweiten Jahr eigenes Saatgut zu gewinnen.

Stauden nennt man Pflanzen, die über mehrere Jahre immer wieder aus dem Wurzelstock austreiben. Man benutzt den Begriff überwiegend bei Blumen, wie z.B. Schwertlilien oder Herbstastern. Aber auch manche Gemüse können über mehrere Jahre geerntet werden, z. B. Meerrettich, Rhabarber oder Guter Heinrich.

Wie gewinne ich eigenes Saatgut?
Sie benötigen ein paar alte Kopfkissenbezüge, trockene Räume, einige Haushaltsutensilien, wie ein Sieb und Schüsseln.

Saatgut sollte immer dunkel, trocken und kühl aber frostfrei aufbewahrt werden. Dunkle Schraubgläser eignen sich besonders gut. Ist das Saatgut nicht genügend getrocknet, schimmelt es.

Knollen werden kühl, dunkel und frostfrei aufbewahrt, sie benötigen mäßige Luftfeuchtigkeit.

Bohnen und Erbsen:
Um Saatgut zu gewinnen, lässt man die ersten reifen Hülsen am Strauch ausreifen und bis zum Ende der Erntezeit hängen. Anschließend werden alle Hülsen, die noch an den Sträuchern hängen, zum Trocknen auf einen Baumwollfaden gefädelt. Über der Heizung oder dem Ofen reifen und trocknen sie nach. Wenn sie ganz trocken sind, werden die Kerne aus den Hülsen gepult und nochmals getrocknet.

Feldsalat und andere Blattgemüse:
Wenn die Blüten sich zu kleinen Samenständen entwickelt haben, die ganze Pflanze über der Wurzel abschneiden und in einem Stoffsack/Kopfkissenbezug kopfüber aufhängen, trocknen und nachreifen lassen. Anschließend die Samen dreschen und nachtrocknen.
Ebenso bei Spinat, Rote Bete und Rübstiel; manche blühen im zweiten Jahr.

Sellerie, Steckrüben und Porree sind zweijährig. Mit dem Samenstand kann man wie beim Blattgemüse verfahren.

Gurken und Kürbisse:
Aus dem Fruchtfleisch der ausgereiften Früchte werden die Samen genommen, gesäubert und getrocknet.

Kartoffeln und Topinambur:
Einige makellose Knollen werden direkt nach der Ernte als Pflanzgut für das nächste Jahr zur Seite gelegt und mäusesicher im Kartoffelkeller o. ä. aufbewahrt. Ab und zu die Knollen kontrollieren.

Kohlpflanzen blühen lassen. Wenn die Blüten zu kleinen Schoten werden und diese sich braun verfärben und langsam öffnen, wird die ganze Pflanze abgeschnitten und kopfüber in einem Stoffsack zum Nachreifen aufgehängt. Nach einer angemessenen Zeit ist die Pflanze trocken und die Samen lassen sich heraus dreschen (Teppichklopfer). Sie werden an einem warmen Ort kurz nachgetrocknet. Gilt ebenso für Blumenkohl, Rosenkohl, Kohlrabi und Radieschen, manche blühen im zweiten Jahr. Da Kohlsorten „bastardieren" sollte man immer nur eine Sorte blühen lassen.

Schwarz- und Haferwurzeln:
Nach der Blüte bilden die Pflanzen „Pusteblumen", die geerntet werden, bevor sie davonfliegen. Manchmal muss täglich Samen geerntet werden. Gut trocknen lassen.

Tomaten:
Die Kerne vollreifer Tomaten werden mit der umgebenden Geleemasse und etwas Wasser offen stehen gelassen, sie beginnen dann zu gären. Nach ein paar Tagen werden sie durch ein Sieb gegossen, mit Wasser durchgespült und gründlich getrocknet, z.B. auf Küchenkrepp.

Zwiebeln:
Entweder sofort nach der Ernte die kleinen Zwiebeln als Setzgut fürs nächste Jahr sichern, oder die Zwiebel blühen lassen, die Samen ernten und im Folgejahr aussäen. Man erhält im ersten Jahr kleine Zwiebeln, die im zweiten Jahr gesteckt werden und dann dicke Exemplare liefern.

Bezugsquellen & Anlaufstellen

Initiativen, die sich für die Erhaltung alter Landsorten engagieren:
Regional:
Bergische Gartenarche – Arbeitskreis zur Erhaltung traditioneller Nutz- und Zierpflanzen im Bergischen Land, Kontakt: NABU Oberberg Geschäftsstelle, Schulstraße 2, 51674 Wiehl, Tel. (0 22 62) 71 27 28, gartenarche@web.de, www.nabu-oberberg.de > Arbeitskreise

Überregional:
Verein zur Erhaltung der Nutzpfanzenvielfalt VEN, Sandbachstr. 5, 38162 Schandelah, Tel. (0 53 06)14 02, www.nutzpflanzenvielfalt.de
Arche-Noah, Obere Straße 40, A-3553 Schiltern, www.arche-noah.at
Pro Specie rara, Pfrundweg 14, Ch-5000 Aarau, www.prospecierara.ch

Pflanzentauschbörsen
Pflanzentauschbörsen sind im Frühjahr immer der Aufbruch in die Gartensaison. Hier treffen sich Gartenliebhaber und Feinschmecker, die sich nicht mit der käuflichen Sortenarmut abfinden wollen oder sich aus reiner Genusssucht für die „alten Landsorten" begeistern. Überzählige Jungpflanzen werden - unter eifriger Fachsimpelei - gerne getauscht und weitergereicht.
Auch Stauden, die sich zu breit gemacht haben, werden hier abgegeben. Ob die Veranstaltung groß oder klein ist, spielt kaum eine Rolle. Man findet eine große Vielfalt an Gartengewächsen, die an das regionale Klima angepasst sind. Meist erhält man auch Pflanzgut gegen eine Spende, wenn man keine eigenen Pflanzen zum Tauschen anbieten kann.
Zusätzlich bekommt man oft noch wertvolle Tipps zu Anbau und Pflege und sogar Rezepte. Außer den Pflanzen, die man eigentlich haben wollte, nimmt man meist noch ein paar weitere mit nach Hause, denn die Auswahl ist bunt und verlockend.

Pflanzentauschbörsen in der Region:
42477 Radevormwald: GGS Carl-Diem-Straße, 1. Mai und 3. Oktober, 11 – 14 Uhr
51503 Rösrath: Schloss Eulenbroich, 1. Mai und am 1. November, ab 13 Uhr
51570 Windeck: Herchen, Anfang Mai, Info: C. Biegel Tel. (0 22 92) 68 00 19
51588 Nümbrecht: Schloss Homburg, Ende April, Info: www.BioStationOberberg.de
51647 GM-Hülsenbusch: Otto-Gebühr-Platz, Anfang Mai, Info: www.dorf-huelsenbusch.de
53757 St. Augustin: Rathaus, Anfang Oktober, Info: www.sankt-augustin.de > umweltprogramm
53844 Troisdorf: Bürgerhaus, April und September, Infos: www.vz-nrw/troisdorf > Veranstaltungen
(Die Verbraucherzentrale Troisdorf bietet auch eine Vermittlung von Ernteüberschüssen bei Obst und Gemüse an!)

Jungpflanzen kaufen:
- 51545 Waldbröl: Wochenmarkt, 14tägig, jeden zweiten Donnerstag 8 - 13 Uhr
- 51688 Wipperfürth: Wochenmarkt, jeden Freitag, 8 - 15 Uhr
- 51789 Lindlar: „Jrön un Jedön" Gartenmarkt im LVR-Freilichtmuseum, Ende Mai
- 51679 Köln: Gartenmarkt am Tanzbrunnen, ab April bis Oktober, immer am 1. Sonntag im Monat

Fragen Sie auf Wochenmärkten, Frühlingsmärkten, Gartenveranstaltungen und in Gärtnereien.

Versandadressen - Saat- und Pflanzgut von Raritäten und Gartenschätzen:
- Dreschflegel, Postfach 12 13, 37202 Witzenhausen, www.dreschflegel-saatgut.de (bio)
- Bio-Saatgut Ulla Grall, Eulengasse 2, 55288 Armsheim/Rhh., E-Mail: info@bio-saatgut.de
- Monika Gehlsen, Willi-Dolgner-Straße 17, 06118 Halle/Saale, www.monika-gehlen.de
- Bornträger GmbH, 67591 Offstein, www.blauetikett.de
- Hild Samen GmbH, Postfach 1161, 71672 Marbach, www.hildsamen.de
- Samen Schröder, Alt Vorst 16 a, 41564 Kaarst, www.samen-schroeder.de
- Gärtner Pötschke, 51564 Kaarst, www.poetschke.de
- Otzberg-Kräuter, Erich-Ollenhauer-Str. 87a, 65187 Wiesbaden, www.otzberg-kraeuter.de
- Privates Samenarchiv G. Bohl – S. Kunstmann, Waldstraße 40, 90596 Schwanstetten, www.tomatenundanderes.ch
- Biologische Saatgutgärtnerei C. und R. Zollinger, CH-1897 Les Evouettes, www.zollinger-samen.ch
- Thompson & Morgan, Postfach 1069, 36243 Niederaula, www.thompson-morgan.de
- Manufactum, Hiberiastr. 5, 45731 Waltrop, www.manufactum.de
- Gärtnerei Naturwuchs, Bardenhorst 15, 33739 Bielefeld, www.naturwuchs.de

Nützliches für den Garten:

Nistkästen für Vögel, Insekten und Fledermäuse:
Zum Kaufen:
- NABU Oberberg, Prof. Breuer, Hermannsburger Str. 35, 51643 Gummersbach, Tel. (0 22 61) 2 34 36
- NABU Oberberg Geschäftsstelle, Schulstraße 2, 51674 Wiehl, Tel. (0 22 62) 71 27 28, info@nabu-oberberg.de

Anleitungen zum Selber bauen von Nisthilfen für Vögel und Insekten finden Sie z.B. unter:
- www.nabu.de
- www.Bienenhotel.de
- www.Wildvogelhilfe.org

Bohnenstangen:
- Landwirt Jörg Lob, Horpe 33, 51789 Lindlar, Tel. (0 22 66) 45 97 45
- Harry Hamel, Distelkamp 31, 51588 Nümbrecht, Tel. (0 22 93) 93 82 44, Handy (01 75) 517 83 40, www.holz-hamel.de, info@holz-hamel.de, Baumpflege, Hochbeete (Bau & Lieferung)
- Raiffeisen-Märkte in Ihrer Nähe, www.rwz.de > Standorte
- Das Regional-Forstamt Bergisches Land in Wipperfürth, Tel. (0 22 67) 8 85 70, nennt Ihnen Waldbewirtschafter in Ihrer Nähe.

Kuh- oder Pferdemist:
Fragen Sie den Landwirt oder Pferdehalter im Ort oder im Nachbardorf.
(Auch Lama-Dung ist sehr empfehlenswert. Wenn sie also einen Lamahalter kennen, nichts wie hin!)

Bodenprobenanalyse:
Landwirtschaftskammer Nordrhein-Westfalen, Landwirtschaftliche Untersuchungs- und Forschungsanstalt Nordrhein-Westfalen, Nevinghoff 40, 48147 Münster (Westfalen)
Telefon: (02 51) 23 76-0, Telefax: (02 51) 23 76-5 21
E-Mail: poststelle-muenster@lwk.nrw.de, www.lufa-nrw.de

Auch Raiffeisen-Märkte untersuchen Bodenproben.
Erkundigen Sie sich nach Aktionstagen mit kostenloser Bodenprobenanalyse.
Hier finden Sie den Markt in Ihrer Nähe: www.rzw.de > Standorte

Laufenten:
Infos und Beratung zur Haltung sowie Handaufgezogene Jungtiere (auf Vorbestellung):
- Marlene Theis, Nümbrecht, Tel. (0 22 93) 75 08
- Willi Nosbach, Reichshof, Tel. (0 22 96) 4 79
- Ulrike Winkel, Reichshof, Tel. (0 22 96) 90 81 52

(Herr Nosbach und Frau Winkel sind Imker und informieren Sie auch gerne über einen Bienenfreundlichen Garten!)

Literaturempfehlungen:

Biogarten, Marie-Luise Kreuter, BLV,
ISBN 978-3-8354-0484-7, 02/2009
Unentbehrliches Grundwissen zu Anbau, Schädlingen, Mischkultur und vielem mehr!

Alte Pflanzenschätze wieder entdeckt - Zier- und Nutzpflanzen aus Großmutters Garten,
Siegfried Stein, BLV-Verlag,
ISBN 978-3-405-16837-7, 03/2005

Bekannte und vergessene Gemüse, Wolf-Dieter Storl, Piper,
ISBN 978-3-492-24727-6, 06/2006

Handbuch Samengärtnerei: Sorten erhalten. Vielfalt vermehren. Gemüse genießen.
Andrea Heistinger, Löwenzahn,
ISBN 978-3-8001-5455-5, 03/2007

Kinder und Gärten, Christiane Widmayr und Anneliese Kompatscher, BLV-Verlag,
ISBN 978-3-405-164-3, 03/2003

Tartuffli, Heidi Lorey, Landwirtschaftsverlag,
ISBN 978-3-7843-3150-8, 05/2002

Von fast vergessenen Gemüsen, Kräutern und Beeren
Marianne Buser/ Antonia Koch, Hädecke Verlag, Weil der Stadt,
ISBN 978-3-7750-0429-9, 04/2004

Für Kinder:
Mit Findus durch das ganze Jahr, Sven Nordquist, Oetinger-Verlag,
ISBN 978-3-7891-6912-0, 02/1999

Verwendete Fachliteratur:

Heilende Biostoffe aus dem Gemüsekorb, Dr. Gisela Rauch-Petz, Südwest,
ISBN 3-49224-727-X

Es gibt gute ältere Bücher, die leider nicht mehr im Handel sind. Wir würden uns wünschen, dass die folgenden Bücher in Neuauflage bzw. als Nachdruck wieder erhältlich wären:

„Arbeitsbuch Naturgarten" von Adalbert Niemeyer-Lüllwitz. Es vermittelt auf verständliche Weise die wichtigsten Grundlagen für den naturnahen Garten.

„Ein Garten" von Alma de L'Aigle. Dieses Buch erzählt von einem wunderbaren Obst- und Gemüsegarten.

Mit etwas Glück erhalten Sie für Ihre Kinder antiquarisch die Bücher von Lena Anderson über „Maja" oder „Linnea". Sie sind für Kinder sehr anschaulich und durch die liebevolle Illustration auch für Erwachsene eine schöne Bilderbuch-Lektüre.

Ein herzliches Dankeschön.

Wir danken für hilfreiche Unterstützung:
Conny Simon-Döhl aus Hülsenbusch
Barbara Giesen-Martin aus Niederhausen
Sabine Marten von der Initiative „Dreschflegel"
Nicola Stolle von der Buchhandlung Lesezeichen in Nümbrecht

Ein besonderer Dank geht posthum an Marie-Luise Kreuter, die uns eine liebe Freundin war. Sie hat uns stets in unserem Tun bestärkt und motiviert. Leider hat sie die Veröffentlichung unseres Buches nicht mehr erlebt, sie verstarb am 17. Mai 2009.

Das Verzeichnis

Abhärten	114	Hochbeet	115	Rübstiel	36
Anhäufeln	114	Hühner	115	Saatbeet	117
Anlaufstellen	123	Humus	115	Saatgut	117
Ausdünnen	114	Jäten	115	Saatgutgewinnung	120
Auspflanzen	119	Jungpflanzen	118, 124	Salat	26
Aussaat	119	Kappes	78	Sauerkraut	108
Baumspinat	20	Kartoffeln	96	Schädlinge	117
Bewässerung	119	Kinderbeet	58	Schaffuen	79
Blattgemüse	20	Knollis Garten	58	Schnecken	8
Bezugsquellen	123	Kohl	78	Schwachzehrer	113
Blumenkohl	56	Kohlrabi	30	Schwarzwurzeln	76
Blattläuse	117	Kohlrübe	94	Sellerie	74
Bodenprobenanalyse	125	Kompost	116	Sommer	34
Bodenansprüche	113	Kraut- und Knollenfäule	52, 68, 116	Sonnenblume	59
Bodenbearbeitung	113	Kürbis	84	Spinat	18
Bodengare	114	Laufenten	116, 125	Standortansprüche	112
Bohnen, Dicke	44	Lagermöglichkeiten	116	Starkzehrer	113
Bohnen, getrocknete	110	Lauch	106	Staude	120
Bohnen, Grüne	46	Mangold	50	Staunässe	113
Bohnen, Weiße	110	Märkte	124	Steckrüben	94
Bohnenstangen	114, 125	Mehrjährige	120	Stielmus	36
Braunfäule	52	Melde	16	Tauschbörsen	123
Brennnesseljauche	114	Miete	115	tiefgründig	113
Buchempfehlungen	126	Mischkultur	116	Tomaten	52
Butterkohl	82	Mist, Kuh-, Pferde-	125	Topinambur	24
Einjährige Pflanzen	120	Mistbeet	116	Trockenerbsen	111
Eisheilige	8	Möhren	70	Überschüsse	119
Endivien	86	Mulchen	116	Umgraben	117
Erbsen	38	Nährstoffbedarf	113	Unkraut	117
Erbsen, getr.	111	Nisthilfen	116, 124	Vegetative Vermehrung	120
Erdbeere	59	Nützlinge	117	Vereinzeln	117
Erdkeller	115	Pastinake	102	Verziehen	117
Feldsalat	88	Pflanzabstand	113	Vermehrung	120
Feuerbohne	47	Pflanzenansprüche	112	Voranzucht	118
Fruchtwechsel	114	Pflanzenjauche	117	Vorkultur	118
Frühbeet	115	Pflanzentauschbörse	123	Vorquellen	117
Frühling	12	Pikieren	119	Wasserbedarf	112
Gartengrundwissen	114	Porree	106	Weißkohl	80
Geiztriebe	52	Radieschen	14	Winter	92
Generative Vermehrung	120	Raupen	117	Winterabdeckung	117
Gründüngung	115	Regenwürmer	117	Wirsing	79
Grünkohl	105	Rhabarber	22	Zuckererbsen	38
Gurken	42	Rosenkohl	104	Zweijährige Pflanzen	120
Haferwurzel	77	Rote Bete	72	Zwiebeln	100
Herbst	68	Rotkohl	81		